外食マネージャーのためのぶれないプライドの創り方

田村茂 著

同友館

はじめに

本書を手に取っていただいた皆様に、まずは心から御礼申し上げます。

ご縁あって、モスバーガー1号店でアルバイトを始めたのは、私が大学4年の1974（昭和49）年、創業2年目の夏でした。

その時、都市銀行に内定が決まっていました。大学を卒業して銀行員になったものの、モスバーガー（以下モス）でのアルバイト時代に体験した「ワクワク感」が心から離れず、わずか10か月で銀行を辞め、再びモスで働くことになりました。

それから定年までの41年間、ほぼ創業期からのモス成長のドラマの一員として貴重な体験をさせていただきました。

そこで過ごしたすべての時間が私を育ててくれました。次から次へと降りてくる未体験の仕事に心躍らせながらも、失敗の連続でもありました。そのさまざまな苦い体験が血肉となりました。

短期間で直営の店長になり、十分な経験も積まないうちに加盟店指導のＳＶ（スーパーバイザー）になり、さらには30代前半でチェーン本部の課長と、私のような未熟者が会社の急成長とともにポジションアップしていきました。

中間のマネージャー職として部下を持つに至り、「仕事をする意味とは？」「リーダーとはどうあるべきか？」など思い悩んだ日々でした。

壁に突き当たる度に、「師」と仰ぐ創業者、櫻田慧《さくらださとし》（故人）の教えに胸を熱くし、何事も、まずは「心ありき」（価値観・使命感）の大切さを学びました。

モスは私にとっての「人生道場」そのものでした。

さまざまな体験を通じて、徐々に心が鍛えられ、価値ある仕事としての意義を見出していきました。そしてその意義こそが、「ぶれないプライド」になりました。


本書では、外食業の現場リーダーが抱える課題の解決策について、私流の考えや対処法を紹介しつつ、やりがいやいきがいに繋がる「ぶれないプライド」のつくり方を主なテーマとして著しました。

現在の外食業界は競争が激しく、人材難のあおりを受けて先行きは不透明、大変困難な時代を迎えています。外食業で働く人々は、将来を考える時、不安でいっぱいのことでしょう。

そんな中、すでに部下を抱えてその指導に苦労されているマネージャー職や、また新たにマネージャーに任じられ、これから「どうリーダーシップを発揮すればよいか？」「いきがいのある職場をどう作るか？」「人出不足をどう解決すればよいか？」など悩んでいる方々に本書を読んでいただければと思います。

私の拙い経験や学びが外食業の原点とは何かを思い起こす機会となり、そして、少しでも皆様の職務におけるキャリア形成のお役に立てればと願っております。

モス入社当時の著者近影

2020年4月　田村　茂

第3章 使命感が創る「プライド」と「ブランド」 99

第4章 7つのエピソードから学ぶホスピタリティ精神 131

プロローグ
「人生は出会い」
～モスバーガー創業者　櫻田慧《さくらださとし》との出会い～

目に見えない「何か」が、あるいは「誰か」が、人と人との出会いを導いてくれているように感じるときがあります。まるでその導きを司る「宇宙霊」でも存在するかのように。

そして予期せぬ偶然の出会いによって人生の幸運に誘われることがあります。まさに「**セレンディピティ（serendipity）**」。平凡な人生が一つの出会いによって新たな幸福の道を発見させてくれます。

人間にはそれぞれに周波数があって、常に無意識の中でそれが発せられています。同様に受信アンテナも備わっていて、偶然それが誰かと同期化することがあるように思います。その瞬間は、「ビビッ」と確実に心震えるような信号を伴います。

どうやら人間には互いに惹きつけあう「磁力（人間磁力）」も備わっているようです。非科学的ですが、そう信じざるを得ません。

私が株式会社モスフードサービス（以下、モスと省略して用います。）の創業者、櫻田慧と出会ったのもまさに「何か」の、あるいは「誰か」の導きであり、周波数の偶然の一致であり、人間磁力の惹きつけであったのかも知れません。

櫻田さんと出会う以前の私は、何事もうまくいったためしがありませんでした。高校受験も大学受験も第一志望校には届かず、大事な局面で落胆を味わう青春期でした。

今から思えば見栄ばかりが強く、実力が不十分なのに背伸びばかりしてきた人生だったように思います。身の丈を考えず、世間に自分を大きく見せようとばかりしていました。

高校受験などはその典型です。越境の進学校狙い（これがすでにハンデ）で実力がボーダーラインであったにもかかわらず、強気になり、滑り止めを考えず一発勝負に出たのです。

結果は見事不合格。そうなりうることが5割は想定できていたにもかかわらず、特別な努力もせず普段の実力で突破しようと考えていました。世間知らず丸出しでした。

結局、越境入学はしたものの、そこは定員未達による第二次募集の某県立高校でした。しかも実家近くの県立高校よりも下位の偏差値。何のための越境か…。自分の無鉄砲さにほとほとあきれるばかりでした。

そこで気持ちを切り替えて、その新たな環境で一番の成績を取るくらいの意地と努力があればいいものを、しばらくは、落胆を引きずったままほどほどに過ごしてしまうことになります。それを叱咤激励してくれる「師」もいません。またそれを求めて行動もしていませんでした。

三年生になり、早くから準備していた進学希望の友人たちの成績がどんどん上がっていくのを目の当たりにし、いつまでもグダグダしていたのでは高校受験の二の舞になる、と気持ちを改め、焦りと共に遅ればせながら、真剣に机に向かいました。

結果的に第一志望には届かなかったものの、合格した日本大学（経済学部）に進むことになります。

高校受験も大学受験も第一志望には届かず、自分の運の悪さを嘆いた10代でしたが、これはすべて私自身の目標に向かう姿勢とその努力不足と素直に受け止めるようになりました。大学二年の終わりになって、自分の中に「積極性」（これではいけない！）が生まれてきます。全国から集まってきているクラスメイトの中に、私のような田舎者が感化されるに十分過ぎる優秀なつわものが何人もいました。彼らとの交わりが、私の挑戦心に火を点けてくれました。

必修のゼミを選択する時期を迎え、歴史が好きだったこともあり、「経済学説史」のTゼミを受験しました。伝統ある人気のゼミで、ＯＢの就職先も金融関係を中心に有名企業が数多くありました。

そこで自分を試してみたくなりました。決して見栄ではなくなっていました。英語一本の試験で、20倍の倍率でしたが、何とか合格しました。

ゼミ同期の中には、優秀な特待生もいました。先輩も同じ境遇の人が多く、反骨心旺盛でとても勉強熱心なゼミでした。

ゼミでは専門書を読み、青臭い議論をし合うことに夢中になりました。元来、人付き合いが苦手だった私も、人と人との交わりに積極的に加わるようになっていきます。

Ｔゼミに入ったことが、決して臆せることの無い、身の丈の「誇り」をもたらせてくれました。そしてそのＴゼミが、私の人生の物語となる、「出会い」を繋いでくれました。

モスの創業者、櫻田さんと運命的な出会いを果たすことになったのは、１９７４（昭和49）年の正月明け。ゼミでの1年間が過ぎ、４年生の「卒業追い出しコンパ」の時でした。

そしてその出会いが、その後の私の人生を大きく変えることになります。私の生涯にとって「偉大な師」を得、考え方、生き方などに多大な影響を受けることとなったのです。

偶然にも櫻田さんは同じTゼミの15年先輩でした。しかも偶然が重なり、私と同郷でもありました。

「広い東京でこんなことがあるのか！」 大変な驚きでした。

櫻田さんはモスを創業して間もない多忙期に、ゼミのOBとしてこの「コンパ」に出席されたのでした。しかもたまたま隣り同士の席に。誰かの導きだったのか…。

その時の「櫻田先輩」は、おしゃれな紳士という印象でした。大手証券会社のロサンゼルス支店に勤務されていましたが、証券不況を迎え、帰国を余儀なくされた、そのタイミングで証券会社を辞め、モスを創業したばかりでした。

アメリカンドリームを目の当たりにして、ジャパニーズドリームを追い求め、日本の外食時代の到来を予見して創業したのです。

英語も随所に交え、綺麗な言葉を使う先輩でした。

櫻田先輩「あなたはどこの出身ですか?」
私「岩手県です」
櫻田先輩「岩手のどこですか?」
私(大船渡と答えても都会人には分からないだろうと思いつつ)「大船渡という港町です」
櫻田先輩「ほー。大船渡のどこですか?」
私(都会人でそこまで聞いてくる人はいない。からかっている?)「猪川《いかわ》という小さな集落です。
もちろんご存知ないですよね」
櫻田先輩「私は盛町《さかりちょう》ですよ」
私「え〜っ、隣り町ですか!」
ひっくり返りそうになりました。

その後、狭い田舎のことで話が弾みます。時折方言も交えて。
櫻田先輩は、故郷では有名な料亭「喜福《きふく》」の生まれで、10人兄弟の末っ子とのこと。

それが運命的な出会いでした。

櫻田先輩は、「私は小さなハンバーガーの屋台を始めたばかりです。遊びに来てください」と言い、1枚の名刺を差し出されました。

「MOS BURGER」

しかしながら、私はそれまでハンバーガーなるものを食べたことが一度もありませんでした。

そのコンパの出会いからしばらくは接点もなく、4年生の夏前まで就職活動に専念していきます。

運良く関西系の都市銀行に内定をもらうことができました。

モスバーガー成増店

大学の単位も必修以外は取り終えていたこともあり、貧乏学生としては親からの仕送り頼りというわけにもいかず、アルバイトをせざるを得ない状況でした。

就職活動に集中する前までは印刷所で製本のアルバイトをしていましたが、新たなアルバイト先を検討している時、櫻田先輩からいただいた名刺を思い出しました。

名刺に記載されている住所を頼りに訪ねてみることに

しました。

櫻田先輩は不在でしたが、当時専務のYさんとお会いしました。

ちょうど1号店（成増店写真）の早番に欠員が出ているということで、好奇心も湧き、早速そこで働くことにしました。

それから卒業までの7か月間ほど、その店舗で働くことになります。

モスのハンバーガーを初めて食し、**「こんなうまいものが世の中にあるのか！」**と衝撃を受けました。

おいしい商品、そして素敵な先輩や仲間に囲まれ、毎日がワクワクで、アルバイトにのめりこんでいきました。

卒業が近づくにつれ、櫻田先輩や仲間たちから「一緒にやろう！」とお誘いをいただきましたが、当時は、飲食業はおしなべて「水商売」（今は死語）といわれていた時代でした。

さすがに水商売を「天職」にはできないと思い、内定をいただいた都市銀行に入行しました。

「寄らば大樹の陰」の選択です。

しかし、私は新卒からわずか10か月で銀行員生活にピリオドを打ち、再びモスに戻ることになります。

そして定年までの41年間、モスの成長ドラマの一員に加えていただき、微力ながらブランド形成の一翼を担ってきました。

都市銀行を去ったいきさつや、その後のモスでのさまざまな体験や学びは後述します。

何事もうまくいかない鬱々とした10代。日大（経済学部）に入学し、Tゼミを選択したことが、偶然にも「人生の師」となる櫻田慧との奇跡的な「出会い」につながり、私の人生は大きく変わることになりました。

この「出会いまでの道筋」は、きっと誰かが用意してくれたもの、そう思えてなりません。

私の「人生の師」は、１９９７（平成９）年5月、くも膜下出血により60歳の若さで急逝されました。

最初の出会いから25年。その間、多くのことを教わりました。この本は、その教えが土台にあります。

第1章

モスで学んだ7つのこと

❖1　会社には「使命」がある

■使命とは存在意義そのもの

どんな会社（お店）にも「使命」があります。
モス創業者の櫻田さんは、この「使命」の意味するものを何度も何度も語っておられました。時には「理念」と言い換えることもありました。

「使命」。それは**会社（お店）の「存在意義」**といってもいいものです。

ドラッグストアにはドラッグストアの、八百屋さんには八百屋さんの、本屋さんには本屋さんのそれぞれに果たすべき「使命」があります。

「使命」とは、**社会や地域、そしてそこにお住まいの方々にとって「どうお役に立つのか」「どうすれば幸福な生活を送ってもらえるのか」**を真剣に考え、知恵をしぼり、具体的な商品やサービスの提案を通じてその役割を果たし、結果的に地域の人々にとって無くてはならない存在として認めてもらうことです。

「使命」を掲げず、ただ闇雲に儲け主義に走るところは、簡単に見抜かれ、早々にマーケットから追い出されてしまいます。

現代は、戦後間もないころのモノ不足の時代とは違い、モノが溢れています。消費者はモノによる満足ではなく、「心の満足」を求めているといえます。それを満たしてあげることも会社の存在意義であると考えます。

■HDC運動で使命を具現化

外食店も「使命」を負っています。

モスの場合は、「人間貢献・社会貢献」を企業理念に掲げています。それぞれのお店が存在する地域で、**「お客様に、美味しくて、安全で、健康に良い商品を提供し、お店で働く人の善意や元気に触れて、心の安らぎや温かさを感じていただく」**というものです。

この「使命」をスタッフ全員が共有し、美味しい商品づくりに技を磨き、マニュアルに頼らず、一人ひとりのお客様の気持ちに寄り添い、ホスピタリティの向上に努めています。モスではそれを具現化する活動を「ＨＤＣ運動」と呼び、日々その向上に取り組んでいます。

まさに「使命（存在目的）」を実践するものであり、モスブランドとしての約束でもあります。

Ｈ：hospitality
Ｄ：delicious
Ｃ：cleanliness

それぞれにその「品質基準」がしっかり示されています。

一般に外食業では、「ＱＳＣ」を掲げているところが多いです。

Ｑ：quality
Ｓ：service
Ｃ：cleanliness

モスの場合、「Q（quality）」ではなくあえて「D（delicious）」としているのは、商品への「こだわり」を強く示しているからです。ご注文をいただいてから、真心をこめて一つひとつ手作りして、熱々の商品を提供することにこだわっています。

同様に「S（service）」ではなく「H（hospitality）」にしているのは、標準的な接客を超えて、お客様一人ひとりの感情に寄り添った個別対応のサービスを目指しているからです。

この「HDC運動」を通じて、ご利用いただくお客様から「感謝される仕事をしよう！」というのがモスの掲げる「使命」です。その「使命」はいろいろな言葉でも表現されていますが、つまるところ、「食を通じて人々を幸せにする」ということです。

■マネージャーの仕事はお客様との約束を守ること

それぞれの外食店で掲げている「使命」の表現に違いはありますが、大事なことは「**お客様との約束**」であるということです。

マネージャーはその約束を裏切ることなく、現場でしっかり実践できるようにスタッフを導いていかねばなりません。建前と本音が一緒でなければなりません。そしてそれを自分の喜びとすることです。

私は、これがマネージャーにとって最も重要な仕事であると思っています。

ご自身のお店（担当店）のＱＳＣ（モスではＨＤＣ）の「品質基準」を日に日に高めていく。お客様から愛され続けるお店になるかどうかは、それを指導するマネージャーのリーダーシップにかかっています。それがブランド評価の分かれ目になります。

「使命」を実践するにあたっては、「価値判断基準」が大切になってきます。マネージャー職が何かを判断する場面で、「損得」で判断するのか、「善悪」で判断するのか、ここはとても重要なところだと思います。

「使命」とは、あくまで「社会貢献」を果たすことであり、そして何よりも「顧客満足」を優先するものです。迷った時は、当然「お客様」を主語にしなくてはなりません。会社にとってどうなのかではなく、「お客様にとって良いことなのか」が重要なのです。

■お客様の期待を裏切らないことが判断の基準

モスの例を挙げてみましょう。

モスの商品は、ハンバーガー類に野菜がふんだんに挟んであるのが特徴です。野菜の仕入れ値は天候・相場によって変動します。

ある時、天候不順による不作で、野菜の仕入れ値が上がったとしましょう。

さて、マネージャーはどう判断するでしょうか？　販売価格は全国統一です。

A案：原価が上がり、利益が減るので、普段より野菜の量を減らす。

B案：単品の利益が減っても、いつもどおりのボリュームで提供する。

企業の判断基準によってこの選択は変わってきます。「価値判断基準」における指針は「使命」になります。そこで、「使命」に照らし合わせて考えてみることになります。

モスは「使命」「理念」がしっかり明文化され、研修も実施されています。

「お店はお客様のためにある」とは記載されていますが、「どんな時も利益が優先」とはどこにも示されていません。

おのずと判断はＢ案となります。

「使命」がしっかりと明文化され、それに沿って教育がなされているといないとでは、大きな違いになります。それが無いところは判断基準がバラバラになり、ブランドに対する信頼感が得られません。

モスはその場その場の「損得」ではなく、「善悪」での判断を大切にしています。目先の利益ではなく、あくまで「顧客満足」を優先するのです。

一時的に利益が減少しても、決してお客様の「期待」を裏切らない。「長期永続性」を選択します。

「こういう時にこそ野菜をいっぱい食べてもらおう！」

きっと、どのモスのお店も迷いなくＢ案を選択することでしょう。

この「価値判断」が当たり前のようにできるのは、「使命」「理念」がモス各店のマネージャーの心にしっかり刻み込まれているからです。

モスのブランドが今日まで続いている理由は、この「使命」を風化させずに来たからです。「使命」の中には、それをコアにした「価値判断基準」の考え方まで包含しているのです。そのお陰で、お客様の期待を裏切らずにここまでブランドを育て上げることができました。

「使命」がいかに大事であるかお分かりいただけたと思います。

外食業のマネージャー職は、この「使命」「理念」をしっかり自分の言葉で熱く、スタッフに語ることが大切です。

文言をただ右から左に覚えさせるのではなく、ご自身の体験を踏まえてその意味をしっかり伝えることが重要なのです。

一般に「使命」は抽象的な言葉で表現されていることが多いと思います。それを正しく実践できるように、ご自身の経験を踏まえ、具体的に分かりやすく伝えること。これもまたマネージャー職に求められる能力です。

しっかり伝えてこそ「価値」になる。私はそう思います。そういう意味では、マネージャーは現場で最も自社のブランド価値を磨いている「重要人物」です。マネージャーはそのことを自覚し、自身の「プライド」にすべきです。

❖2　マンネリは成長を阻害する
～仕事の「奥」を楽しむ～

■トマトの仕込み作業で学んだこと

プロローグで少し触れましたが、私はたった1年弱の銀行員生活に別れを告げ、モスに中途入社しました。配属先はアルバイト時代に勤務していた古巣のモス1号店（成増店）です。

正社員として入社後、アルバイト時代には経験しなかったさまざまな仕事も覚え、半年が過ぎ、業務に慣れてきた頃の夏本番の8月のことでした。

学校は夏休み期間であり、モスでは8月は年間でも売上が高い時期にあたっていました。営業時間中でも、お客様が少ない時間帯ならば仕込み作業を行う決まりでした。

午前10時半頃、私は定番商品のモスバーガーやモスチーズバーガーに使われるスライストマトの仕込み作業をしていました。

当日の朝、仕入先から届いた新鮮なトマトをよく洗い、ペティナイフを使って、厚さ約1センチほどにスライスするのです。1個のトマトから5枚ほど取れました。

黙々と作業していると、突然創業者の櫻田さんがお店に顔を出されました。そしていきなり、

「お疲れ様！　田村さん、そのトマト、どこの産地だい？」

私「？・？・？」

「1個の仕入値はいくらかな？」

私「？・？・？」

「スライス1枚当たりの原価はいくらかな？」

私「？・？・？」

「この時期のトマトはどんな味なのかな？」

立て続けに質問を浴びせられるも、一つも答えられません。すると、

「田村さん！　あなたの足元にトマトのダンボール箱があるよね。見てごらん。産地が書いてある」

私「茨城産です」

「カウンターの角に納品書が置いてあるね。単価が書いてあるはず。見てみて！」

私（納品書を見て）「50円です」

「１個からスライスが５枚取れるから、１枚当たり…」

私「10円です」

「田村さん（諭すように）、いいですか！　田村さんを銀行から呼び寄せたのはアルバイトさんと同じ仕事（作業）をして欲しいからではないんですよ。将来この会社を背負ってもらいたいと願ってのことです。いずれ田村さんには加盟店さんを指導していただくＳＶになってもらおうと思っています」

「ＳＶは大変重要な仕事。その指導力いかんで、このチェーンの盛衰が決まるといっても過言ではありません。今こうして直営店で勤務してもらっているのも、その指導力を身につけて欲しいからです」

「ＳＶになった時に、加盟店さんがどんな野菜を仕入れるのが適正か（当時、野菜は加盟店さんが近所の八百屋さんから直接仕入れる仕組みだった）、時期によって産地、その産地の品質、そしてコストを的確に指導してこそ信頼を得られるものです」

「ところが、今のような仕事ぶりでは、トマトの切り方ぐらいしか指導できない。品質を最も重視するわが社のこだわり戦略が加盟店さんに伝わらないばかりか、お客様に喜んでもらえない。そうじゃないかい？」

「田村さん！　これってマンネリというんだ。仕事に慣れてきて、心に余裕ができた頃に起こる病（やまい）」

「仮にトマトの仕込みに30分かかるなら、その時間ただ単にスライスだけに手を動かすのか、その作業をしながら産地のこと、原価のこと、品質のこと…、いろいろと情報を得ながら作業するのか」

「与えられた時間は平等。その時間価値をどう生かすかは人それぞれだが、でも考え方が大事。それによって成長に大きな差がでる」

「**常に準備している人には敵わない**。それが将来の指導力・信用力になるのです」

「**仕事の『奥』を楽しみなさい！**　今日はトマトでもいい、明日はレタスでもいい。テーマをもってその材料が持つ沢山の情報から学びなさい。きっと将来役に立つから。田村さんがそうして成長すればおのずと会社も成長します」


私はその時何を考えて仕事をしていたのか。まさにマンネリに陥り、慣れた作業を黙々とこなしていただけの低レベルの職人になっていました。

マンネリは自ら学習の機会を失い、成長にブレーキをかけるものです。

どうせ仕事をするなら、その仕事の「奥」を楽しみつつ、成長の糧としよう！

成長のためのテキストは周りにいっぱいあります。それに気づくか気づかないか、生かすか生かさないか…。

その意識のあり方によって、信頼されるマネージャー、さらには立派な経営者になれるかどうかが決まります。その意識を持つことの大切さを学びました。

まさに「目からうろこ」でした。

❖3 お店は店長がすべての見本
～無精ひげ店長の学び～

■売上最低記録

これは私が23歳になったばかりの新米店長時代のエピソードです。開店してから1年足らずのお店を前任店長から引き継ぎました。現在のさいたま市にあったお店です。

このお店は、モスが創業来出店してきた10坪程度の店からすると、20坪以上の倍の規模です。客席も従来型と比べても倍以上の席数があり、当時としては大型店の部類でした。しかし開店当初から苦戦を強いられていました。

もっとも周辺のエリアは、商業施設らしいものがほとんど無く、幹線道路に面しているとはいえ、最寄駅からも随分離れた立地です。この住宅もまばらに散在する畑地に、当時東洋一といわれる681世帯の大規模マンションが建設されました。

マンションブームのはしりの時代。ニューファミリー層が近代的な建物、そして設備に魅力を感じて申込者が殺到し、即完売になった物件です。その１階に今回の店舗が入っていたのです。

周辺の人口も少ないうえに、このマンションの居住者は夫婦共稼ぎが多く、稼ぎ時のランチタイムもあまり振るわないお店でした。

特に平日は予想を下回る日々が長く続きました。４万円、３万円…、目標の日商６万円にはほど遠く、私は徐々に焦りを感じていました。

そんな中、ある平日の売上が２８１００円という今までの最低記録を打ち出しました。天気も良く、特に環境的ハンデは何もない日です。

私は大いに悩みました。一晩眠れず、事務所兼倉庫で考え込みました。

ふと思いついたのが、「モスの知名度が低いのではないか」ということでした。それを打開するために、本部（社長＝創業者）に私のアイデアを聞いてもらおう。そう決めて早朝の電車に飛び乗って神楽坂にある本社に向かいました。

午前7時前に本社の前にある直営店に着きました。創業者の櫻田さんが店の向こう三軒両隣まで丁寧に掃き掃除をしているところでした。

「おー田村さん、どうした？」

私「おはようございます。ちょっとご相談したいことがありまして参りました。突然にすみません」

「じゃ、清掃が終わってから朝食（モスの試食）をしながら聴かせてもらおう」

私「よろしくお願いします」

私は慌ててお店の倉庫から箒と塵取りとゴミ袋を持ってきて一緒に掃除を始めました。

創業者はじょうろに水を入れ、

「打ち水はこうしてやるんだよ！　びちゃびちゃと水を撒くのではなく、日光のいろは坂のように芸術的にね」

「さ！　これでいい。道具を片づけてお店で朝食にしよう」

創業者を含め、数人の本部スタッフもこれが毎朝の日課です。

その日は、他のスタッフは出張らしく、たまたま創業者一人だけでした。

注文を済ませ席に運ばれるのを待っていると、創業者が切り出しました。

「ところで相談ってなんだい？」

私「実は昨日、過去最低売上を作ってしまいました。大変申し訳ありません」

「そうか…」

商品が運ばれてきました。「食べなさい！　私も同じモスバーガーにしました」

私「ありがとうございます。いただきます」

「味はどう？」

私「美味しいです」

「そうかな？　私はミートソースの煮込みが足りないように思うがね。コクが出ていない」

すぐ立ち上がってそれを店長に伝えます。

私「………（すごい）」

「売上が厳しいのは分かりました。で、田村さんはどうしたいの？」

私「はい！　この原因は、知名度の無さだと思うのです。そこでお願いですが、ウチの店はご存知のように６８１世帯のマンションの１階にあります。ここを一軒一軒ご挨拶して回ろうと思うのです。ついては手ぶらでは押し売りと思われるので、ちゃんとしたチラシをもって、ユニフォーム姿で訪問したいのです。チラシの作成をご許可いただけませんでしょうか」

（当時のモスは決してお金に余裕のある会社ではなく、あらゆる提案は創業者の決裁が必要だった。）

「う〜ん、その真面目さは評価しよう」

「でも、今日はチラシをどうするかの前に、一度お店に戻って2つのことを見て報告して欲しい。一つは、田村さん自身を姿見（鏡）に映してみて何を感じるか。もう一つは、今日はキッチン作業をせずに、しばらく客席からスタッフの仕事ぶりを見て何を感じるかです。それを電話でいいので報告してください」

私は何か狐につままれた面持ちで電車に乗り、お店へと戻りました。早速、事務所兼倉庫にある大きな鏡に自分の姿を映してみました。

「あっ！」

無精ひげの私がそこにいました。

普段でもひげが濃い私。考えてみれば、創業者へのお願い事で頭がいっぱいで、心に焦りもありました。何と情けない、髭もそらずに飛び出して行ったわけです。

さらに着替えもせず、昨日のユニフォームのまま。しかも赤と白のストライプのユニフォームにはソース類の跡が付いています。油の臭いもしてズボンはよれよれ。シューズも油汚れ。なんとも恥ずかしい姿でした。

創業者に言われたとおり、私はランチタイムが終わるまでスタッフの動きを見ていました。

スタッフに笑顔が無く、ご注文いただいた後で、必ず「ポテトいかがですかー。オレンジジュースいかがですかー」とまるで売上をプッシュするような対応です。

「サジェスト（さりげなくお客様に喜んでもらえそうなものをお薦めする）」ではなく、客単価を上げようと半ば無理に押し付けている印象でした。

「そうか〜、そういうことか」


私は、その「気づき」を創業者に電話で報告しました。

「早くそこに気づいて良かったなー」

「田村さんのアピアランス（身なり）を見て、きっと店も汚い！　と感じました。いいですか！**店長は何事も店の見本。店長のアピアランス以上にはお店は綺麗にならないもの。**まずは己のアピアランスをお手本になるようにしてください」

「洗濯もこまめに行い、きりっとした清潔感あふれる店長でいてください。それがお店のメンテナンスの基準になります」

「お店におじゃましなくてもお店は相当汚いことでしょう。それでは仮にチラシ持って挨拶回りをし、お客様がご来店されたとしても、がっかりさせてしまうことになりますよ」

「まずは今日から早速、徹底的にピッカピッカに磨き上げてください。そこからやり直しです」

「それから、始業前の試食も欠かさずに行ってくださいよ」

私「はい！」（恥ずかしい…）

売上を意識するあまり、基本をおろそかにしていました。今朝創業者が店の前を掃き掃除していたように（朝課）、それすらやったりやらなかったり…でした。

まずはスタッフを頼る前に、自らの手で隅々まで綺麗にしよう！

そう誓い、数日掃除は自ら率先して行いました。すると手抜きの跡があちこち発見され、恥ずかしい思いでした。

始業前の「試食」（食材のチェック、味の確認）もかなりおろそかにしていました。誰が作ってもうまいものと思いこんでいました。

その日の状態で味が微妙に違うこともあることを研修で教えられていたにもかかわらず、です。

もう一つの宿題であるスタッフの対応。

店長である私が、常々「売上が悪い。売上が悪い」と嘆き節ばかり言うので、素直な、いい人のチームであるスタッフは、店長に協力しようと思っていたようでした。

「少しでも売上を！」そう心に描いたに違いありません。

素敵なスタッフが本来やるべきこととは違う方向にお店が向いていました。

店長のネガティブな発想がすべてをネガティブな空気に持っていき、結果、お客様のお役に立つ店どころか、売上を取る（まるで搾取）店になり下がっていました。「使命」をどこかに置き忘れて、極めてモチベーションの低い店になっていました。

これでは「お客様に喜んでいただく」という理念とはほど遠い状況です。

チラシ配りなどの小手先のテクニックに走る前に「やるべき基本」がいっぱいあることに気づかされました。頭でわかっているだけで、心に基本が宿っていなかったのです。だから行動が甘かったのです。

店長の「品格」（アピアランス、挨拶、笑顔、振る舞い）こそが、お店の良し悪しを決めるもの。

お店のすべての見本たる店長は、外食業の「使命感」というものを、心の残高として満タンにしていなければなりません。そして闇雲に売上を追う前に、常に足元の状態や己の姿を見る力を持たねばなりません。

このエピソードは私を銀行員から真の〝モスマン〟に変えてくれた大きな出来事でした。

問題（現象面）のモグラ叩きではなく、その現象面から「本質の問題」を見抜き、即座に「手を打つ」こと。

この姿勢こそがマネジメントの要諦だと実感しました。

さて、その後のこのお店ですが、すぐには売上に結びつきませんでした。

しかし、お店が徐々に綺麗になり、商品の味も安定しだして3～4か月経過した頃でした。先に土曜日・日曜日の売上が伸びはじめ、それに引きずられるように平日も伸びてきました。

そして1年後、私がSVとして本部に異動する頃には、当初の目標であった月商300万円（当時ハンバーガー1個120円）を超えていました。

「店長！　ウチのお客さんがね、『モスのスタッフさんは皆いい人ねー。若いのによく働くし、もちろんお店も綺麗で美味しいわよー』と言ってたよ」

そんな声が、隣り近所の床屋さん、花屋さん、お寿司屋さんなどから聞かれるようになりました。

買い物は、近所のお店を利用するのが一番です。そして店主となじみになればお客様の評判をいろいろと教えてくれます。

地域密着とはそういうこと。それもモスで学ばせていただきました。

❖4　外食業はご縁ある方々の「教育産業」
～電話受け答えのＯＪＴ指導～

■ピンク電話と緑の電話ボックス

これも私が直営店の店長時代のエピソードです。

世間は夏休み真っ盛りのある平日の昼前。私はもう一人の社員と、アルバイトを始めて間もない高校生のＫ君の３人でお店の営業にあたっていました。

私はグリドル（ハンバーガーの焼き台）でご注文品の製造に追われ、もう一人の社員はちょうどレジで対応中。

その時、カウンターに置かれているピンク電話が鳴りました（当時（１９７６年頃）、お店に置いてある電話は、10円を挿入して使用するピンク電話が主流でした）。

ピンク電話はお客様用でもあり、業務用でもあります。

咄嗟に私は「Ｋ君出て！」と指示しました。

初入店のオリエンテーションの際、Ｋ君に電話対応の方法は教えていたつもりでした。受話器を取るタイミングや、半オクタープ声を高くして「ありがとうございます。モスバーガー○○店でございます！」という言い方を練習しました。

しかし実は、Ｋ君は実際にかかってきた電話を受けたことがなかったのです。それでも受話器を取るや、「ありがとうございます。モスバーガー○○店でございます！」声は元気だったので、心配ないと思いました。

Ｋ君（右手で受話器の下の部分を押さえ）「店長！　櫻田さんという方からお電話です」（おッ、社長からだ）Ｋ君にそっと「社長ですよ」と伝えて電話を替わりました。

私「はい！　田村です。お疲れ様です」

「忙しいかな？　少し大丈夫かな？　来週の○曜日から新規加盟店の研修生さん２名を預かって欲しいのだけれどどうかな？　これこれこういう方々ですが」

直営店は新規加盟が決まった方の現場研修の場であり、本部での座学研修終了後、数日間受け持ちます。

私「大丈夫です。お任せください」

「それはそれとして、今の電話対応は感心できたものじゃないねー。まずは感謝の『ありがとうございます！』をちゃんと言わないとね」

「電話の応対は顔が見えないだけに、とっても大事だね。加盟店の研修生にもしっかり見本を示さないとね。頼みますよ」

私「申し訳ありません。しっかり指導します」

私はすぐ原因を理解しました。これはピンク電話の特徴ゆえのものだと。

ピンク電話は、電話音が鳴ってすぐに出ると、相手には最初の言葉が聞こえない。相手の10円玉がカチャンと落ちた音を聞いてからでないと通じないのです。

電話音が鳴って、ひと呼吸おいて、カチャンという音を確認してから、ゆっくり「はい、ありがとうございます。モスバーガー○○店です！」と言わないと、すべての言葉が相手に届かず、「……ます、モスバーガー○○店です」としか相手に聞こえない場合があるのです。

今回はまさにそのケースでした。

Ｋ君には伝えていたつもりでしたが、なにせ初対応。実地訓練をしていなかったので緊張したのでしょう。私の責任です。

失敗を生かそう。Ｋ君のためにも！

その日の午後、お店の状況を確認して、もう一人の社員に仕切りを任せ、私は店の外に出ました。ピンク電話の前にはＫ君を立たせておきました。田村流実地訓練の始まりです。

私は自分の１０００円札を両替して10円玉を20枚ほどポケットに入れ、店のカウンターから窓越しに見える緑の電話ボックスに陣取りました。その電話ボックスからはカウンターのピンク電話がよく見えます。

緑電話に10円玉を入れて、お店のダイヤルを回します。

Ｋ君が電話に出ます。

Ｋ君「……スバーガー○○店です」

「う〜ん、今のは早かったねー。いい？　カチャンという音を聞いてからだよ。もう1回ね」

何度も何度もそれを繰り返します。

「今のは良かったよ！」「あ、惜ッしい」「今度は声が小さかったよ」

Ｋ君は半べそをかいています。それでも終盤戦の数回はタイミングも声のトーンもずいぶん良くなりました。終了して店に戻り、「とっても良くなったよ。もう大丈夫だ。タイミング分かったね」

Ｋ君「はい！　落ち着いて『カチャン』を確認すれば大丈夫です。ありがとうございました」

それ以降のＫ君の電話対応は、自信に満ちたものでした。

いつか社長の電話を受けてもらいたい！　リベンジさせたいと思いましたが、なかなかその機会はやってきませんでした。

その後、Ｋ君は高校を卒業して、地元のカーディーラーに就職します。

それから半年くらい経った頃、Ｋ君がお店に訪ねて来ました。

Ｋ君「てんちょうぉ～！　お疲れ様でーす！」

辞めた後も私を「店長」と呼びます。

「おー元気そうだね。仕事慣れた？」

Ｋ君「店長聞いてください。ボク上司から褒められたんです」

「ほ～それは良かったね。どんなことで？」

Ｋ君「まだ学校を出立てなのに、電話の受け答えがとっても良いというのです。店長のお陰です。

あの時のピンクと緑の電話訓練のお陰です」

「それは怪我の功名だね」

Ｋ君「は？　怪我の功名って？」

「うっかりした間違いや過ちが、偶然的に良い結果をもたらすことだよ」

Ｋ君「ああそのとおりです。（メモして）覚えておきます」


「で、店長、コレ！」と言ってＫ君が２００円を差し出しました。

Ｋ君「あの時、店長は自分のお金で電話代を使ったのを知ってました。その分です」

「おー偉いねー。でもあれは私自身が教え方を学ぶための自分投資。そしてＫ君への指導不足へのお詫び代だ。気持ちだけ頂戴しておくね」


こうしてピンクと緑の電話は声の繋がりから大きな心の繋がりをもたらせてくれました。


何かのご縁で知り合った方には、たとえアルバイトであれ、自分でできる限りの愛情をかけてあげる。アルバイトなら、将来その子が社会に出た時に恥をかかないように業務以外のことも教えてあげる。

ただ単に作業をしてもらえばよい…そういうことではなく、それを超えた良いお節介こそが教育なのではないかと思います。それはわれわれ社会人の先輩としての「使命」でもあるのではないかと思います。

まさに外食業は「教育産業」です。

「感謝される仕事をしよう」は、お客様に対してだけに留まりません。

人が社会の中でより良い人間関係を築きながら幸せに生きていくうえでの大切な考え方だと思います。

あれから40年。あの時のＫ君は今どうしているだろう。

きっと立派な大人になって後輩の指導にあたっていることでしょう。

❖5　肩書の前に他人の痛みの分かる人であれ
～「正邪の正、必ずしも是ならずや」～

■新人ＳＶの苦い経験

１９７７（昭和52）年、24歳の時、私は直営店の店長から本部勤務のＳＶに昇格しました。当時はまだエリア分けがはっきりできていない時代で、私は新人ということもあり、前任の先輩ＳＶから引き継いだ15店ほどを担当することになりました。

先輩ＳＶ（３人）は、全国をそれぞれ30店ほど担当して飛び回っていました。私はＳＶの業務に憧れていたこともあって、張り切っていました。

私が担当になった都内の下町にあるＦＣ店（Ａ店）は、30代のご夫婦による新規加盟店で、慣れない仕事のうえに休みも取れず、疲弊感を漂わせながら多忙な毎日を過ごしていました。そこに新任の私が訪ね、挨拶を簡単に済ませ店舗の現況チェックを始めます。

誰でもできるチェックで、今思えば、ここが汚い、あそこが汚れている、とダメ出しの嵐。

お客様対応をしながら、オーナーは、苛立ちを押し殺しながらも「すみません、営業終えたらしっかりやっておきます！」と、今にも泣きださんばかりの表情です。

その時はトラブルも無く帰社したのですが…、数日経ったある日、創業者から声が掛かりました。先ほどＡ店のオーナーが来社していろいろお話を伺った。ついては報告したいので会議室に来てほしいとのこと。

「田村さん、Ａ店は何が一番問題ですか？」

私「とにかくメンテナンスができておらず、恥ずかしいくらい汚いのです」

「そうですか…」

それを聞くやおもむろに立ち上がり、会議室の黒板に書きました。

「正邪の正、必ずしも是ならずや」

そしてこうおっしゃいました。

「どんなに正しいことを言っても、相手の心にストンと落ちなければ、正しいことにならないんだ」

「学校時代のテストは正しいことを記入すれば合格だけれど、社会はどうやらそうは行かないもののようだ」

「田村さんは真面目だから、指摘にウソはないはず。でもあいにくオーナーご夫妻は感情的に納得していない。逆に、ＳＶは厳しすぎると指摘していました」

「さて、どうしたらいいと思う？」

私「……」

「ここは私のいうとおり行動してください。今日から1週間、Ａ店の掃除の時間に訪問し、最初から終わりまでオーナーと一緒に、もくもくと掃除してみてください」

「『一緒に掃除させていただきます！』と言って取りかかってください」

「何も言わなくていいです。直営店時代に身につけた掃除の最適方法を自ら身をもって体現してみてください。きっと1週間も経てば変化が表れてくるはずです」

「昼は寝てていい。掃除の時間に合わせて行きなさい」

私「わかりました」

早速その日の夜に訪問し、朝方まで掃除をもくもくと実施しました。

掃除中、途切れ途切れの雑談はあるものの、お互いぎこちない空気感です。

そんな日が続いた3日目、掃除が終わった朝方のことでした。

「田村さん、蕎麦でも食べに行きませんか。早朝からやっている店があるんです」

私「ありがとうございます。喜んで」

温かい蕎麦をすすりながら、オーナーが言いました。

「田村さん、ありがとうございました。お陰さまですっかり綺麗になりました。私は忙しさのあまり手抜きをしていました。申し訳ありません」

「創業者に泣き言を言いに行ったこと、お恥ずかしい限りです」

「掃除の仕方も、初期研修で習っていたのですが、洗剤の使い方などすっかり忘れていました。今回教えていただきありがとうございました」

私「私もオーナーのお店の事情もわきまえず、一方的な指摘ばかりで失礼しました。これからは私が直営店で経験したノウハウを身体で示していきます」

目がウルウルしている自分がそこにいました。

その足で、創業者に報告に上がりました。

「それは良かった。あのオーナーはとても真面目な方。あのようなオーナーを落胆させてはいけないよ」

「田村さんはＳＶである前に、人の痛みが分かる人であることを忘れないでください」

「大事なのは、まずは自ら人の困っていることに手を差し伸べること。ダメ出しは誰でもできます。そればかりだと〝お役人ＳＶ〟になってしまう」

「良い経験をしましたね。この体験を忘れず心に刻んでください。さ、帰って寝てください」

涙が止まりませんでした。そして恥ずかしくもありました。

「正邪の正、必ずしも是ならずや」

これを心に刻み、私の行動訓にしました。

❖6　信用という財産をつくる

■ネットワークづくりの重要性

人間誰しも強み・弱みを持っています。それは得意分野・不得意分野と言い換えてもよいと思います。

仕事であれプライベートであれ、何か大きな課題に立ち向かった時、過去の経験値があり、それが自分の得意分野なら、比較的容易に解決のストーリーを描くことができ、問題解決もスムーズにできることでしょう。

しかし未経験だったり、専門外の分野だとそう容易ではありません。頭を抱えることも少なくないと思います。いくら人間が万物の霊長だとしても、決して万能ではありませんから当然のことです。

このように自分の能力ではどうしようもない時に力を貸してくれるのが、信頼関係にあるその分野の専門家です。友人であるかも知れません。

「このテーマなら彼（彼女）が詳しい」「この分野なら彼（彼女）が専門家だ」というように、さまざまな分野の方々と日頃から良好な人間関係を築いておき、一つ大きな問題が起きた時に相談できる信頼ネットワークを作っておくことが大切です。

■信用を高めるための5つの戒め

少なくともマネージャー職は、この関係づくりにあえて時間を割くことが必要です。組織の中間管理職であるマネージャーは何かと多忙な役回りです。それでも、うまく時間管理を行って、社内のみならず外部の方々との有益な時間を積極的に過ごすべきと考えます。ズバリいうなら、仲良くなることです。

しかし、誰でもいいというわけではありません。信頼できる人格者であることが重要です。それぞれに「強み」の分野を持ち、謙虚で、品格があり、約束事をしっかり守れる人。こういう人が望ましいと思います。そういう人と素敵な交流を持つためには、まず自分が信用される人でなければなりません。

創業者は、盛んに「一人ひとり財産づくりをしよう」と語っておられました。

「財産といってもお金ではなく、信用という財産です」と。

その信用を高めるにはどうすればよいか。

「それは、嘘をつくな。約束を守れ。でたらめをするな。ごまかしをするな。人を裏切るな。この5つを実行することです。これによって素晴らしい人間関係を作ることです。そうすれば信用力がおのずと身についてきます」

そう説いておられました。

この5つを「戒め」としながら、損得勘定抜きで、自分の能力の範囲で相手に良い意味での「お節介」をしてあげることが大切です。相手の役に立てることにまず進んで手を差し伸べることです。私もそう学んで心がけてきました。

「信用という財産」はコツコツの積み重ねの上に成り立ちます。時には自己犠牲も伴います。それでもその**GIVEの姿勢こそが大きな「信用財産」につながります。**

相手から「あの人なら信用できる。正直に相談してみよう」そう認められたらこの上ない喜びです。

人格者と呼ばれる人は、感謝そして報恩の気持ちを忘れません。

「あの時、あの方には本当にお世話になった。あの方に何かあったら、恩返しに必ずお役に立ってあげよう」そう強く思っています。

そういう人格者は、決して威張らず、心の豊かさを感じさせてくれます。

そういう方々と素敵な人間関係を構築することは、「いざ！」という時の価値あるボタンとなります。もちろん自分自身も、相手が「いざ！」という時の価値あるボタンになれるよう、日頃から自分磨きをしておかなければなりません。

マネージャー職を拝命した人は、自ら学びの文化のお手本にならなければなりません。学びは「誰かのお役に立つためにするもの」それを肝に銘じたいものです。

■駆け出しSVの恩返し

私が駆け出しのSV（スーパーバイザー：FC店舗指導員）だった頃、神奈川県のある加盟店のオーナーに大変お世話になったことがありました。

他の担当店のややこしい問題で私が頭を抱えている時に、そのオーナーが前職のネットワークを通じて解決の糸口を作ってくれたのです（個店情報につき、内容は差し控えます）。

私は感謝の念をずっと持ち続けていました。


その約10年後、逆にそのオーナーのお店が苦戦を強いられることになります。

大きなショッピングセンターの撤退、スタッフの退職、等々、いろいろと重なりました。ご夫婦二人で休みも取れない日々が続き、疲弊しきっていました。売上も激減しました。


そうした状況を担当ＳＶから報告を受け（私はその当時営業部長でした）、直接お会いしに行きました。

大変真面目なオーナー。モスのブランドを守るために歯を食いしばって働いていました。その表情にかつての柔和さは無く、悲壮感すら漂っていました。奥様も同様でした。お客様に笑顔を向けるような状態ではありませんでした。


これはまずい！

こういう時にこそお役に立たねば！　以前の恩返しをせねば！　そう感じました。

私「オーナー、まずは体を休めましょう。休みを取って奥様と温泉にでも行ってください」
オーナー「こんなに売上が下がり、お店を休める状況ではありません」
私「心配しないでください。その間、本部のメンバーが運営しますから」
オーナー「え？」

その場で同席の担当ＳＶと相談し、他のＳＶにもヘルプしてもらうことにし、オーナーご夫妻には２日ほど休んでもらうことにしました。

時間を置かず、ご夫妻には日程を決めてもらい、ある温泉旅館を予約してもらいました。その連絡を受けて、すでに用意しておいた「旅行券」をお渡しに行きました。

オーナー「ここまで……ありがとうございます」

うっすら涙目ではありましたが、笑顔が見えました。

ご夫婦が旅行の間、二人のＳＶはお店に活気を取り戻すべく奮闘してくれました。お店も隅々まで綺麗にしてくれました。

旅行からお帰りになったご夫婦は、すっかり気分転換できた様子。電話をもらいました。

オーナー「ありがとうございました。お店が自分たちの店じゃないくらい綺麗になっています。厳しい環境ですが、それでも頑張ります」

ＳＶへのお土産も忘れなかったようです。

あのままではズルズルと気持ちが落ち込んでいたことでしょう。お客様はそれを望んではいません。まずは心を前向きにすることです。

オーナー夫妻にやる気が戻り、かつてお世話になったご厚情にようやく少しばかりの報恩ができたかな…そう感じた場面でした。

信用づくりは、良い意味での「お節介」。

そのために人の痛みを自分の痛みにしよう、そう心に刻みました。

❖7 理念を風化させない
～「売る売る」の前に「ウルウル」～

前節で「使命」についてお話ししました。「理念」と同意語で、それぞれの明確な定義は難しいところで、混同して使っている企業が少なくないようです。しかし、間違いではありません。やや「理念」のほうが上位のイメージにあるかも知れません。

ご批判を覚悟で、私流にあえて分類するなら、「理念」は会社の経営戦略の土台になる最上位の考え「使命」はそれを担う各部門（お店）のマネージャーや現場スタッフの役割とでも言っていいと思います。

使い方はともあれ、大事な点は、「会社（お店）は何のために存在するのか？」の、問いに対する答えを表すものです。ここでは「理念」をイメージして話を進めます。

昨今、企業の不祥事が後を絶ちません。立派なブランド企業が、不祥事を起こし、テレビで謝罪会見している姿をよく見かけます。記者の鋭い突っ込みにたじたじになりながら、平身低頭している姿が痛々しくもあります。

不可抗力の突発的事件なら、同情こそあれ、あれほど叩かれることはないはずです。それらを除く不祥事の多くは、起こるべくして起こった…私はそう見ています。明らかに、その土壌が育っていた、と見ます。

原因は、「理念の風化」であると思います。

私は、その「理念の風化」の背景には、激しい企業間競争があるのではないかと思っています。その競争に勝ち抜くために、特に経営陣はその戦略構築で大いに頭を悩ませていることでしょう。

■外食業は「魅力づくり・お役立ち」競争

外食業もその例外ではありません。「商圏はどんどん狭く」なっています。

一つのお店の周りには、あれよあれよという間にいろんな業態が出店してきています。外食業だけではなく、中食を提供するコンビニエンスストアや惣菜専門店、高級スーパーなど、業態のくくりを超えて、クロスオーバーな競争が始まっています。狭い商圏の中で、お客様の奪い合い合戦の様相を呈しています。

そうして商圏はますます狭くなる一方です。各企業、各店舗はその厳しい競争を勝ち抜いていかなければ存続できない自由競争社会。まさに競争は自明の理です。

こうした環境下、特に経営者は、「競争」の定義を見直す必要があると考えます。

外食業に限って申し上げるならば、もはや出店数競争や売上高競争、あるいは、シェア競争の時代ではないと思っています。

狭くなる一方の商圏の中で、「永く愛され続けるお店」であるための「魅力づくり・お役立ち」競争の時代だと思っています。私はそう定義しています。

ところが、経営者の中にはいまだ「売上（対前年比）」や「利益」に固執し、声高に数値目標を社員に伝えている、いや、半ば命じている方がいます。

誤解をして欲しくないのですが、売上や利益の追求を否定するものではありません。それが無いと、会社の発展・社員の幸福がありません。

私は、その数値目標を達成するためのプロセスのあり方を問題視しているのです。

会社・お店にはロマンがあります。まさに「理念」はロマンそのものです。

その「理念」を語ることを忘れ、競争の波に翻弄され、危機感が数字のほうに向き、すっかり

「大事なもの」を置き忘れていることを私は危惧しています。

競争がどんなに厳しくなっても、「理念」（ロマン）を忘れてはならないと思います。いや、むしろより大事になってくるものといえます。

「理念」ではメシが食えない、「売上」を上げる仕組みこそが大事だ、と主張する専門家もいますが、私はそうは思いません。

特に外食業のお店は、**お客様に幸せ感を味わってもらうことが「理念」**です。

現場スタッフの多くは、「お客様のご満足が私のやりがい」そう感じています。

モスのスタッフもそうです。

単に給与や時間給を得ることだけでなく、「お客様のお役に立ちたい」「お役立ちを通じて自分も成長したい」、それがまず第一義のようです。

ところが、経営者の「危機感」が、対前年比という「呪縛」にかかって、○％数字を上げることに血眼になります。

全社（全店）の方針が一度そちらに向かうと、現場スタッフのモチベーションは一挙に下がってしまいます。

「誰のためにどうお役に立つのか」その答えが「理念」にしっかり謳われ、それをもとに教育されてきたはずが、全く違った方向に進んでしまい、困惑の極みに陥ります。

■売上至上主義がもたらす病

どこの企業でも、自社の「理念」に、「まずは売上を上げ、利益を出すこと」とは書かれていないはずです。なのに誤った競争意識が、「理念の風化」という病に陥らせます。

現場を指揮するマネージャーもスタッフも、「やりがい」を見出せなくなり、どんどん仕事の「質」が低下していきます。すると必然的に「現場力（ＱＳＣレベル）」が低下し、顧客離れが起きていきます。そして、じわりじわり業績悪化に至ります。

まさに競争を背景とした経営の「売上至上主義、短期主義」がもたらす、とんでもない病に陥ります。さらに経営陣の保身がそれに拍車をかける場合もあります。

それを見抜いたモチベーションの高いマネージャーやスタッフが会社からどんどん去っていきます。経営陣は本質的な問題から目をそらし、逆に人手不足や人材不足を嘆きます。

不祥事はそのようなマイナスのスパイラル状態の時に起こる傾向があるように思います。モチベーションの伴わない、形ばかりの仕事になっているからだと思います。
不祥事が発覚し社会から叩かれて初めて目が覚め、「本質」を理解することになります。

経営者はもちろん、マネージャー職は、競争の定義を新たにし、お客様に「誠心誠意」尽くす文化を醸成していかなければなりません。それが取りもなおさず「モチベーション」の高い、会社・お店となります。

「モチベーションの高い人は、ごまかしをしません。手抜きをしません」。理念に沿って正しいことを為すことにプライドを持っています。

このような激しい競争環境の下であればあるほど、お客様にとって無くてはならない存在の会社（お店）でなければなりません。魅力いっぱいの素敵なお店です。

「売上は、お客様の満足料」

そうモスの創業者は語っておられました。

まずはお客様に「誠心誠意」尽くすこと。そしてそれを「やりがい」にすることです。そうすればきっと感謝され、褒めてもらえます。その時に「成長の実感」を味わうことができるのです。

マネージャーは、そういうプラスのスパイラルを作っていくべきです。

「一人ひとりのお客様」これが主語です。**お客様が「ウルウル」するほどの満足が提供されて初めて「『売る売る』＝売上」につながる**のです。

お客様の喜ぶ「感情」に応えてこそ、やっと「勘定」が計算できるのです。逆であってはなりません！

経営者・マネージャーは「理念」を風化させてはなりません。

現実に振り回されて、「ロマン」を忘れてはなりません。

「ロマン」という「心の残高」をいつも満タンにしておく必要があります。

それをスタッフにダイレクトに熱く語っていくことが大切です。

これからの「人事評価」は、業績数字（例えば対前年比）を一番の評価項目にするのではなく、お客様との関係性の中で、どんな感動的なエピソードがあったのか、それを最も大事な評価項目として位置づけることが必要です。

マネージャー会議がその発表の場になったら、スタッフのモチベーションが格段に上がることでしょう。

お客様との「物語」が多いお店こそが、愛され続ける、地域に無くてはならない店になります。

おのずと競争に強い店になるものと確信しています。

「理念を風化させない」

モスでその意を強くしました。

第2章

「成長できる職場」との出会い

❖1 都市銀行を辞めて、外食業に転職した理由
～職場選びは「価値観」で～

■安定性と知名度で選んだ最初の職場

私は就職先として銀行を選びました。理由は「安定性」と「知名度」です。まさに**「寄らば大樹の陰」**でした。

大学でご指導いただいたＴ教授も「就職するなら安定の金融だ。銀行が潰れる時は日本国が潰れる時」とまでに金融の安定性を信頼し、ゼミ生に金融関係への就職を強く勧めていました。それもあってか、Ｔゼミの先輩方の進路先は大手金融系が多い傾向にありました。

ご多分に漏れず、私もＴ教授の言葉を参考にして、就職活動では広く業界を検討すること無しに都市銀行や地方銀行を何行かチャレンジしました。

結果、自分の出身地である岩手県のある地方銀行と、関西系の都市銀行から内々定をいただきましたが、たまたま採用試験が同じ日に重なってしまいました（金融業界は青田買いもあり、採用試験の名のもとに内々定者の囲い込みを行っていた）。

私は長男なので、いずれ岩手に帰ることも視野に入れ、地方銀行にすべきか悩みに悩みました。しかし、若い内は都会でいろいろな経験も積みたいという思いもあり、最終的に都銀へ就職することに決めました。

ところが、入行後わずか10か月で退職することになったのです。

■配属初日に浴びた洗礼

銀行本店での研修を終え、私はもう1人の同期と共にK支店に配属されました。

出社初日、支店長に挨拶するため二人で支店長室に入りました。

同期の彼は京都大学卒。そして偶然その支店長も京大OBでした。

彼は支店長とキャンパスの事、教授の事、大学周辺の人気スポットの事など、まるで同窓会ネタを楽しむように話していました。

一方、私には、

「田村君は日大か。ウチの銀行で日大出は珍しいなー。ま、頑張ってくださいね」

ふとアルバイト時代に櫻田先輩（モス創業者）が話してくれたことが思い出されました。

「大企業、とりわけ大手金融は我々の大学は馴染みが薄い。都市銀行ともなると国立大出が多くて、私大は早慶・上智ぐらいかもね」

「田村さんが行く関西系の都市銀行なら京大・阪大出かな。私立だと同志社・立命館クラスかもね。学閥もあるから、違った意味で苦労が伴うかもなー」

実は、櫻田先輩も就職先の大手証券会社（４大証券と呼ばれた一つ）でそのような苦労をされた方でもありました。それが「反骨心」となってモス創業へとつながったのです。

私の場合、早くも初日の支店長挨拶でその洗礼を浴びたのでした。

世間知らず、身の丈知らずとはまさにこのことです。

「安定性・知名度」という魅力をストレス無く享受できるのは、すでに予選を通過した者（◯◯大学卒など）だけなのかと感じた瞬間でした。

■窓口業務で起こした致命的なミス

そんな苦い思いから私の銀行員生活はスタートしました。

ロマンよりも現実に振り回される毎日で、悶々とした日々が続きました。

朝、ため息をついてから独身寮を出て駅へ向かいます。当然モチベーションは上がっていません。そんな状態ですから支店ではおのずとミスも重なり、その都度上司から手厳しい指導をいただきます。

当たり前ですが、銀行はことさら小さなミスも許されないところです。減点主義が徹底されており、役職者もそれに目を光らせて注意を払っていたように思います。

実務に慣れてきた頃、直属の上司から「田村君は元気がいいから窓口業務をやってくれないか」と命じられました。

K支店の次長は、「銀行もサービス業、支店の雰囲気を変えたい」と思っていたようで、元気だけが取り柄の私に白羽の矢が立ったようです。

当時の銀行はサービス業的なマインドが薄く、まるでお役所に近い雰囲気で、行員の多くは、もごもごとは言うものの、口を大きく開けて挨拶する人はごく少数でした。

私はモスのアルバイト時代の挨拶が体に染みついており、お客様がご来店されると、条件反射的に大きな声で「いらっしゃいませ！」、お帰りの際は「ありがとうございました！」と挨拶していたので、支店内には私の声だけが響いていました。

しかし、いくら元気だけ良くてもだめです。私は実務経験の乏しさから致命的といえる大きなミスを犯してしまったのです。

ある日、15時で窓口業務を終え、締めの計算をしていたのですが、何度電卓をたたいても１円合わない。足りないのです。

私のミスで１円多く支払ったかも知れない…。

冷や汗が出ました。

何しろ業務に不慣れなため、集計作業にも人の倍の時間がかかります。出納係が取りまとめる時間が迫っています。

焦った私は、絶対やってはいけないことをしてしまいました。

責任を取るつもりで、自分のポケットから１円を入れてしまったのです。

全体の入出金の集計がまとまった頃合いで、出納の役職者から全員集合の声が掛かりました。

「集計したところ、今日は1円多い。誰か思い当たることはありますか」

「あ、私です。（これこれこうで）責任を……すみません」

「あきれた！　銀行は1円多いのも、少ないのも重大な問題なんです。早めに報告してもらわないと困るよ。君は銀行の責任を全然分かっていない！」

皆の前で叱責を受けました。

実は計算は合っていたのでした。

叱られたものの、自分の若さがそれを素直に受け入れる気持ちに至りませんでした。

（自分は悪気は無く、責任を取るつもりでやったのに。その点だけでも認めてくれてもいいではないか！）

そんな幼稚な感情でした。頭では事の重大さは分かっていても、心を閉ざすものがありました。

この一件は、1円が私の手元に戻るだけで済みましたが、私に銀行の「怖さ」を植え付けるには十分すぎるほどの出来事でした。

■銀行で感じた「価値観」の違い

それ以降、日に日に小さくなっていく自分を自覚します。そして一つ疑問に感じていることがありました。

それは、お客様からお金を預かる時の担当者の丁重な対応と、逆にお金を貸す時のやや高姿勢な態度の違いでした。

同じお客様ではないか！

ふとモスでのアルバイト時代が懐かしく思い出されました。それはとっても楽しい時間でした。無遅刻無欠勤。まるで社員並みです。小さなアパートを出る時、「今日も頑張るぞー。あのお客様に会えるぞー」とワクワク感でいっぱいでした。

なぜそうだったのかを考えてみました。

・「美味しかったよ！」と、お客様から目の前で言われた時の喜び
・「ありがとね！」が多く聞こえる職場

これこそが私の本当の生き方、「価値観」ではないかと気づきました。

モス創業者である櫻田先輩の言葉が蘇ってきました。

「ハンバーガーを売りながら実は幸せを売っているんだ！」

これこそが「私の生き方」、そう自覚しました。

銀行の仕事はどうやら私の「価値観」ではないのでは…。次第にそう思うようになりました。

もちろん銀行が悪いわけではありません。

そもそも銀行に就職する動機が間違っていたのです。あくまで自分の問題です。

「安定性・知名度」

「寄らば大樹の陰」

「食いっぱぐれが無い」

こんな動機は「生き方」の本質ではありません。

「銀行員の使命とは何か、どう役割を担うのか」

その基本的価値が心に宿らない内に、単に「安定性・知名度」だけで選んでしまったツケが回ってきたのです。

もっと銀行員としての「生き方」「価値観」を自問自答すればよかったと思います。そうすればおのずと結論が出ていたはずです。

そこが弱いために枝葉末節の問題に振り回され、耐性も弱いままなのです。

■私の生きる道は「モス」にあり

仕事（会社）選びは、その会社の規模や知名度が一番の基準ではありません。

大切なのは「仕事のいきがい」をどう感じるか。要は、会社の「理念」と自分の「生き方」が合致するかどうかです。

それが合えば、とてつもない「やりがい」となり、「自己実現」の大いなる支えになります。

私の親にしてみれば、当時のモス評は、「安定性が保証されない」「知名度もゼロ」「（飲食業は）水商売」です。

それでも「あのワクワク感こそ私の人生観」。そう感じた瞬間、モスへの出戻りを決めました。

「私の生きる道はモスにあり。そここそ生き生きとした自分がいる」

まっしぐらに創業者の櫻田先輩に会いに行きました。

「もう一度やらせてください！」

すると、笑顔で「戻ってきたかー。いい経験したよな」と一言。

いかにも早晩、この日が来ることを予見していたかのような言い方でした。

その場に同席していた、アルバイト時代に大変お世話になったW店長（当時常務）もにこやかに迎えてくれました。

私は涙し、あらためてモスで頑張る覚悟を決めました。

それから数日後、支店の直属の上司に辞表を提出しました。

その上の預金統括責任者に呼ばれてこう言われました。

「田村君は太平洋をクイーンエリザベス号で渡るのか、それとも筏で渡るのか？」

（当時の都市銀行員はクイーンエリザベス号（当時世界最大の客船）に乗船しているような意識だったと思われます。その時はまだ、銀行がバブル崩壊を経て今日のような姿（倒産、合併、再編など）になろうとはだれも予測がつきませんでした。）

「世間知らずと言われるかも知れませんが、一度切りの人生。筏で太平洋を渡ってみたいのです。チャレンジしてみたいのです」

何の根拠も無い、若気の至りの返答でした。

数日後、銀行の東京本部人事部から呼び出しがありました。そこには入社面談をしてくれた人事の役職者が待っていました。

「残念だねー。支店で何かあったのかい？」（支店の上司の対応を訊きたい様子）

私は、ここでも誰かのミス探しか…と思いつつも、

「いえ、特に問題ありません。皆さんには本当に良くしていただきました」

「大学のゼミの先輩がハンバーガーチェーンを創業しまして、そこに合流させていただくことにしました。元のアルバイト先です」

「お世話になっていいながら、身勝手ですみません。まだまだちっぽけな会社ですが、そこで自分を試してみたいのです」

ありきたりの返答に終始し、本音である「価値観」を生意気に語るのを避けました。クイーンエリザベス号の乗組員にはしょせん通じないことだと勝手に思っていました。

銀行に就職してわずか10か月後の1月末で退職。

すぐ銀行の寮を出て、埼玉県和光市の小さなアパートに移り住み、私のモス人生が新たにスタートしました。

一方、岩手の両親は、息子が都市銀行に就職したことを喜んでおり、親戚・近所にも自慢していました。

息子もやっと片付いたと安堵の日々を過ごしていた矢先、突然の退職報告です。

帰省して理由を説明すると、普段無口の父親が怒り心頭で怒鳴りました。

「絶対に勤めて欲しくない水商売をさせるために東京に出したのではない！　何を考えているんだ！　もう帰ってくるな！」

と、けんもほろろ。むべもありません。

昔堅気で、極めて保守的な生活を送ってきた父。父にとって外食業は「水商売」。最低の仕事と信じ込んでいます。まったく話し合いになりません。

私「3年待ってください。きっといい報告ができるようにします」

それもまた根拠の無い言葉を言い残し、母の涙を横目に見つつ、そそくさと辞去してきました。

（確かに親不孝者。ごめん！　でもきっと成功してみせる。待ってろ）

決意を新たにしました。

■「価値観」と「使命感」の合致＝やりがい

仕事をするうえで大切なことは「価値観」です。

会社の「経営理念・経営方針」は何か、そしてそれが自分の生き方（人生観）と合致しているかどうか。それがまさに「価値観」です。

その「価値観」が「使命感」と合致した時にこそ、人は「やりがい・いきがい」を見出すことができます。

私にとっての銀行員生活は、大切な「価値観」が合致していませんでした。

なぜ銀行員になるのか、そこでどうお役に立つのか。

単に「安定性・知名度」だけで選んだ職場は、その「基本のき」がまったく確認されていませんでした。

このような動機では、何か「事」にぶつかった時に、心に宿す強い基準が無いために、「事」に真正面から向かっていくというより、弱気の虫が働き、振り回され、結果嘆くばかりの人生を過ごすことになります。

私の場合、早くそれに気づいて良かったと思っています。もちろん方向転換はリスクも高かったのですが、創業者のロマンや人間性に惚れ、美味しい商品に惚れ、働く仲間に惚れ、それが支えになりました。

こうして出戻りによって、自分の立ち位置を再発見することができたのです。

それ以降41年間、モス一筋の人生でした。

語りつくせぬほど苦しいこともありましたが、心に宿した「価値観」「使命感」のお陰で、逃げることなく、むしろ積極的な自分でいられました。

「お役立ち」の実感も得ることができました。

この転職話には後日談があります。

私が実家から戻って半年後、創業者の櫻田さんがわざわざ大船渡の両親を訪ねてくれたのです。

「茂君を預からせていただきました。きっと立派に育ててみせます！」

両親は突然の訪問にびっくりし、深々と頭を下げて「よろしくお願いします」と答えるのが精一杯だったとか。

両親はそのエピソードを後々まで何度も語っていました。

「なかなかできることではない。社長さんは立派な人だった」

「お前は運がいい。果報者だ」

大組織ではこのような「人情の機微のある行動」にはなかなかお目にかかれないと思います。

モスの「人を大事にする文化」を実感できたエピソードでした。

文化とは言葉だけではなく、行動があってこそ説得力が増すというものです。

私もこういうリーダーを目指そう！　そう心に誓いました。

❖2　意志の上にも3年

■会社選びは自分の感性とのすり合わせが大切

これは特に、モスの新入社員の入社研修時に話してきたことです。

銀行を10か月で辞めた私には、説得力に欠ける話かもしれません。いささか正当化を許してもらうならば、その早期退職の理由も踏まえてということになります。

「石の上にも三年」という諺があります。

忍耐強く頑張っていれば、いつかは報われていくという教え。

石の上に座ると最初は冷たいが、ずっと座り続けると、自分の体温で温まり、そのうち石そのものが温かく感じるようになる、そういう意味らしいです。

そして諺に示されている「3年」は、もっと「長い期間」を示しているようです。

私は、会社選びは、会社の「経営理念」と自分の「生き方」が合致していることが大切と言ってきました。もっとも中に入ってみなければ、それが果たしてどうなのか、本当のところまで知る由もありません。

会社訪問や面接にたっぷり時間をかけ、いろいろな角度から検討したとしても完璧に理解することは困難であり、不安は残ります。

でも「感じる」ことはできます。職場の風土・空気。仕事をしている社員の品格。お店があるならば、その現場で働くスタッフのイキイキ度。

これらは、自分の五感で判断することができます。いや、この五感こそが最も頼りになるかも知れません。

- **そこで働く社員やスタッフに「いい感じ」を覚えるか**
- **その会社が扱っている「商品」に惚れられるか**
- **人事担当の人と接して「このような人になってみたい」と思わせる雰囲気があるか**

などを自分の感性とすり合わせることが大切だと考えます。

■その会社の「味」がわかるまで頑張る

さらに判断基準の軸となるのは、自分の「いきがい」(お役立ちの心)です。ここはしっかり整理しておく必要があります。

社会のお役に立つに当たり、そのモチベーションの源になる要素がその会社にどれだけあるか、どれだけ感じられるかです。

売上や利益、事業所の数など数字ばかりを並べ、規模を誇ることに終始することなく、会社の存在目的や使命、その実現のために社員の成長をどう後押ししているか、そのあたりをしっかり見聞きする必要があります。

売上至上主義があまりにも強いと感じたら、そこはお薦めしません。経営の視点が短期的になっていると考えられ、もしかしたら「理念が風化」している可能性もあります。「やりがい」を感じている社員が少ないかも知れません。

そのあたりを一生懸命調べ、見聞きし、そのうえで自分の心にストンと落ちたなら、「覚悟付きの意思決定」をしてもよいと私は思っています。

そして「意志」を持って入社したなら、「入社してやっぱり良かった」とその「会社の味」が分かる何がしかの「きっかけ」が生まれるまで粘り強く頑張ることです。

私のように入社の動機が「他力本願」でない限りは、「いい会社に入った！」「必要とされる自分がいる」と感じる日はきっと来ます。その機会は、顧客接点、上司・先輩・同僚との交わりなど、人と人との関係エピソードが与えてくれるように思います。

あくまで私の経験値からですが、会社の「真の魅力・味」を実感するには、大体3年はかかると思っています。

■完璧な会社はない

実はどこの会社も「完璧」ではありません。

持続的に発展する社会をつくり、お客様の不満を解決するうえで問題となるいくつかの壁が立ちはだかっています。それはさまざまに形を変え、しかも連続的に発生します。

だからこそ、その問題の解決に共に取り組む「優秀な人材」が必要なのです。

「会社は何かを与えてくれるもの」といった淡い期待（動機）だけで入社すると、いつまでも悶々とするだけです。

「お役立ち」を使命感に、調べに調べ、考えに考え抜いて入社した以上は、どんなことがあっても3年はやり抜く、その「意志」を貫くことが大切です。

会社は、目の前の課題に積極的に取り組み、その解決を通じて「やりがい」を感じていただくことを求めているのです。

心を「積極的」にして、ひたすら・ひたむきに粘り強く取り組むことです。そうすればこの会社に入って良かったと思える、「成長実感」を味わえる日がきっと来ます。

それでも、結果的に「転職」という形になろうとも、そこで過ごした「意志の上の3年」の経験価値は何事にも代えがたい、「意味ある」貴重な財産になると思います。

❖3 「縁」が働き続ける力を生む
～「縁心力」「自己実現・学びの場」～

私は、創業者との「ご縁（出会い）」によって、人生に対する考え方が180度変わりました。

変わったというより、生き方の「軸」を持っていなかったために、それまでの流されっぱなしの人生に、生きる「意味づけ」をしていただいたと思います。

創業者には、「この人について行けば、将来きっと何かいいことがある」そう感じさせてくれるオーラがありました。すっかり惚れてしまいました。

私はこの出会いは「縁心力《えんしんりょく》」に導かれたと思っています。この「縁心力」が働かなかったら、今日の私はありません。

■外食業は人と人の関係性で成り立つ

創業者は、人と人との関係性のあり方をとても大切にされ、その関係づくりに、多くの示唆を与えてくれました。

そして人間関係をスムーズにする土台として、「**真心・誠実・感謝・報恩・信義・礼節・謙譲**」の７つを語り、その実践こそが、「信用」をつくるものだと教えてくれました。

まさに生きていくうえでの「心のあり方」です。

枝葉末節にこだわり、振り回されてばかりの私に「ぶれない心」のありようを教えてくれました。そして、実務や技術の前に、しっかり心を作ること。すなわち、生きる意味や仕事をする意味について、明確な答えを持つことが重要であることを学びました。

外食業の仕事は、人と人との血の通う関係性があって成立するものです。

お客様との関係においても、スタッフ同士の関係においても、まさに人間学を身につけてこそ「お役立ち」の感謝される仕事ができるというものです。

これは、外食業の仕事をスムーズに行うためのハウツーにとどまらず、日常生活を送るうえでの大切な心得に通じるものです。

・お金貧乏でも、心貧乏になるな！
・自分のできる能力の範囲内で周りの方々のお役に立つこと。いずれそれが大きな信用として返ってくる。でも期待はするな。
・損得無しに、まずは手を差し伸べること。それを「プライド」とすること。そのために「心豊か」であること。

このように職場は、心を学び、心を作る。そして経験を積みながら「能力」という力もつける、まさに「人生道場」です。

給与をいただきながら、生き方を教わり、自己実現の機会を得、成長エンジンの燃料補給場所になる。何と贅沢なことでしょうか。

私の場合、そういう会社・職場と出会えたことは本当にラッキーでした。

心のあり方の「いろは」を教えていただいた師（創業者）に感謝でいっぱいです。

■外食業は自己実現の場

創業者はいつもロマンを語ってくれました。

モス創業期、ちっぽけな会社ではありましたが、志はでっかいものでした。

店舗数が30店舗程度の時、１００店舗構想を、１００店舗になった時は３００店舗構想、そして１０００店舗構想を次々と打ち出してきました。

気宇壮大なロマン。しかし、その構想は「大言壮語」ではなく、あれよあれよという間に現実化していきました。その着実な実績にもはや尊敬の念しかありませんでした。

心の部分の「プライド」とともに、さまざまな戦略面で、他社との違いを明確に示され、心躍るワクワク感を与えていただきました。

一つひとつの戦略・戦術に明確な「意味」があり、そして「なぜそうなるのか」の疑問に対して心に落ちる解説がありました。そのお陰で、心がクリアになり、行動に駆り立てられるエンジンになりました。

商品の違い・特徴、独特の販売方法、出店場所、FC加盟者の厳選など、小さい規模ながらも人に語れる材料をたっぷりと与えていただきました。

モスの加盟者は決して水商売の店員さんなどではありません。一人ひとりがオーナーシップにあふれた誇り高き戦士です。その結果、大資本と抗して戦える「強さ」を宿すことができました。

会社の成長とともに新規採用者も増え、組織も大きくなっていきました。新しい部署もどんどん作られていきました。プロパーがそれらの部署の責任的立場を担っていきます。

ほとんどが未体験ゾーンです。でも何とかくらいつき、失敗も重ねながら、勉強していきました。学生時代の勉強とは比べものにならないくらいの学習量です。

学生時代の私はどちらかと言うと「義務感」による学習でしたが、会社は「使命感」です。その「使命感」を前提とする勉強は身につく度合いがまったく違っていました。自分でもびっくりするくらいの吸収力です。経験の量、学びの量、この「量」が成長のエンジンにつながりました。

会社成長の過程で、私は経理・財務以外ほとんどすべての部署を経験させていただきました。

ひとつの部署の担当が3か月という時もあり、決して深くはありませんでしたが、会社全体というものを知る貴重な経験でした。銀行の巨大組織では、おそらくちっぽけな歯車の一つでしかなく、会社経営・戦略的企画などに触れることは稀有だったのではと思います。

モスとの出会いによって、自己実現の機会に恵まれました。今でいえば、その当時の働き方は「ブラック」でした。しかし、そんな認識は誰ひとり持っていなかったと思います。

長時間労働も苦痛ではありませんでした。むしろロマンを追い求めていた夢多き時代でした。

■外食業はチャンスにあふれている

「お客様に感謝される仕事をしよう」というお役立ちのミッションを果たしながら、しかも成長実感を味わえ、自己実現できる。これは外食業ならではの可能性です。

もちろん自分次第ではありますが、他ではなかなか味わえない特別な「風土」なのではないかと思います。

現在の厳しい環境に日々嘆き節ばかりで過ごすか、逆にチャンスとばかりに自ら今まで世に無い新しい業態を創造し、新創業のダイナミズムを経験するか。

自分の「意志」でいかようにもなる時代そして業界であるように思います。

外食業界はオーバーマーケットといわれますが、お客様は、いつも新しい提案を求めていることも事実です。

新創業（独立でもよい、別会社創設の提案でもよい）のチャンスであり、それによってロマンの風土を新たに創れるチャンスでもあります。

専門家の皆さんの批判を恐れずに申し上げるならば、レッドオーシャンの中でも、知恵の出し方いかんではブルーオーシャンのスポットが創れる時代ではないか、そう思います。

特に外食業はそのチャンスが多い分野と考えます。

マネージャー職の皆さん、野心を持ちましょう。チャンスはチャレンジの向こう側にあるのですから。

第3章

使命感が創る「プライド」と「ブランド」

❖1　プライドは「ぶれない心の力」になる
～ブランドは「保証書付きの信頼」～

元来飽きっぽい私が41年もの間、モスで勤め上げることができたのはなぜか？
それは「プライド」だったと思います。
プライドが「ぶれない心の力」になり、そしてそれをずっと心に持ち続けることができたからこその41年間でした。

入社当時のモスは規模も小さく、知名度もまったく無い、社員数も指で数えられるほどの会社でした。しかし、そこでの私は、銀行員の時のような自信無さそうなおどおどした感覚ではなく、しっかり心の置き場所がありました。

それは、創業者から、「なぜ仕事をするのか?」「正しい生き方とは何か?」の問いに対する考え方の「本質」を教わったからでした。

■モスの「使命」と「理念」に共鳴して出戻り

私がモスに転職する前に働いていた銀行は、当時どこも高業績で、即戦力が求められていました。新入行員の研修も「実務研修」が優先でした。

研修終了後は支店へ配属され、すぐに実務作業に取りかからなければなりません。そろばん、紙幣の数え方、借方・貸方伝票の意味、書き方…、学生時代に学んできた分野とはまったく違うので、戸惑うばかりでした。

もっとも実務知識が無いと即戦力化が難しい（要は、使えない）職場でもあったので、人事の研修担当者からすれば、現場のニーズに沿うという実務優先の研修になるのは当然です。

それでも初めから銀行員になることを決めていたならば、大学の授業の選択も十分吟味し、会計学や金融論等を取っていたことでしょう。

ところが私の場合、何せ就職活動期を迎えてからの「寄らば大樹の陰」での会社選択。業界研究もまったくしないという己の考え方の甘さが導いた「戸惑いの世界」でした。

これでは「プライド」など生まれようもありません。

モスでのアルバイト時代（大学4年）に、創業者や諸先輩方からモスの「使命」「理念」について、機会あるごとに教えていただきました。

さらにアルバイトながら、社員旅行（研修付き）にまで連れて行ってもらいました。

そのご厚意に、認めてもらっていることへの喜びと感謝の念を抱きながら、研修時間での創業者の話にどんどん引き込まれていく自分がいました。


「お店はお客様のためにある」

「お店はお客様にとって活力再生産の場」

「だからこそ、美味しいハンバーガーを召し上がっていただき、スタッフの心温かいサービスを通じて『モスを選んで良かった』という幸せ感を味わってもらおう！　それが私たちの役割なのです」


創業者の熱い想いが心にどんどん響いてきました。思わず感動で涙していました。

「早くお店に戻ってお客様にご奉仕したい！」

アルバイトの身ながら、そのような感覚でした。


モスの「使命」「理念」は、銀行員になってからもずっと私の心に刻まれていました。

「お店はお客様のためにある」などは銀行でも共通する考え方だと思い、自分なりに頑張りましたが、どうもしっくり行きません。

私の感じた銀行の風土は、「使命」「理念」では「メシ」が食えない。そのような精神論より、いかにミスの無い仕事をして出世していくか、それが基本的な体質だったような気がします。


そういう意味では、私のモスへの転職（出戻り）は、無目的ではなく、過去に自分の心に刻まれた「使命」「理念」に共鳴してのことでした。

モスに入社後、自分の「人生の価値観はこれだ！」とあらためて得心しました。

■お客様のためにお役に立つことが「プライド」になる

美味しいハンバーガーを真心込めて作り、それに目いっぱいの笑顔を添えて、目の前のお客様に提供する。

そこにはゴマをする必要も口八丁手八丁で二枚舌を使う必要もありません。形式的な実務やハンコも不要でした。

正しいと思うこと、お客様の喜ぶことを、ただ真っ正直に実行すればよかったのです。

その評価（反応）はすぐに返ってきました。

「美味しかったよ！」

「元気もらったよ」

その言葉をいただくことが「やりがい」につながっていました。

この「使命」「理念」で語られている、お客様のためという「お役立ちの姿勢」こそが、自分の行動をストレス無く、最大限に引き出してくれる源、すなわち「プライド」になりました。

働くことの「意義」を明確に心に落とすことができました。

その意義ある仕事は、家族や友人にも堂々と誇れ、どんな場でも「モスブランド」をＰＲする広報マンになることができました。

「モスバーガー」「テリヤキバーガー」はそうして口コミによって広まりました。

まさに**「ブランド」は人の心から染み出るもの**です。

今でこそ過剰な残業は禁止ですが、その当時のモスは一日15〜16時間の勤務は当たり前でした。

（今でいうところのブラック企業！）

それでも、当時のメンバーは誰ひとりとして長時間労働のきつい会社という意識はありませんでした。むしろ「立派な企業に育てよう！」「知名度のある企業と肩を並べるような会社になろう！」そんな思いが強かったです。

創業者のリーダーシップのもと、皆一丸となって努力しました。目に見える形で会社の規模が拡大していきました。

その高揚感が長時間労働を一挙に忘れさせてくれました。

■「プライド」が「ブランド」をつくる

モスでは毎朝、「向こう三軒両隣り」の掃き掃除と水打ちを心がけました。近所の方々から「ありがとねー。若いのに偉いねー」とよく言われたものです。「夕方（会社帰りに）寄るね」と声を掛けていく方もいらっしゃいました。

当時「社会貢献」という言葉や考え方はまだポピュラーではなかった時代でしたが、地域の皆様あっての私たちです。

「地域を大事にしよう！」その意識はとても強く共有されていました。

創業者の「地域のオアシスになろう」という言葉に心から納得できました。それが積極的な行動を起こすエンジンになりました。

振り返ってみると、モスには誇れることがいくつもありました。それは決して言葉遊びではなく、常に行動が伴っていました。

本音と建て前の使い分けではなく、両者は「近似値」でした。新しいチャレンジにはミスもありました。「志」が善でも、ミスによってお客様にご迷惑をおかけすることもありました。「近似値」とはそういう意味です。「完璧」というにはまだまだでしたが、そこに近づこうという意識はとても強いものがありました。善人の集団でした。

「嘘をつくな」
「約束を守れ」
「でたらめをするな」
「ごまかしをするな」
「人を裏切るな」

そんな無形の「戒めの文化」がモスにはあり、それを行動指針にして企業風土が形成されていきました。

「プライド」とは、正しいことを「使命感」に基づき、ひたすら・ひたむきにやり抜くエンジンのようなもの。その「やりがい・いきがい」がプライドなのです。

人は誰かのために頑張る存在です。人は何かに意義を見出した時に素晴らしい力を発揮します。潜在力が開花します。それはまさしく「プライド」の発露です。

この「プライド」こそ「ぶれない心の力」であり、迷った時のよりどころ、戻れるところでもあります。

人は迷い、悩みます。行きつ戻りつしながら、プライドの「原点」、すなわちお客様へ満足を提供し続けるという「変わらぬ心」を思い起こし、たくましく実践する人になっていきます。「プライド」が「向上心」をかき立てるのです。

そして、「プライド」を持っている人が正しいことをコツコツとやり続けることが「ブランド」、すなわち「保証書付きの信頼」を築くことになります。

❖2 「お役に立つ人」の意識

■タクシー運転手のドメインとは

ある税理士事務所を訪ねた時のことです。

新宿駅西口から歩いて10分程度のところにあるその事務所は、普段は徒歩でおじゃまするのですが、その日は駅に着いたとたん大振りの雨。

訪問時間ギリギリだったこともあり、タクシーに飛び乗りました。

「西新宿7丁目の○○ビルまでお願いします。近くてすみません」

運転手Ａ「（まったく愛想も無く）あー、そこまでだったら歩いたほうが早いんじゃない」

いかにも短い距離の乗車は迷惑といった態度でした。

不愉快な気持ちになりましたが、せいぜいワンメーターの付き合いと思い、荒い運転を我慢しながら乗車しました。

心のドメイン（領域）

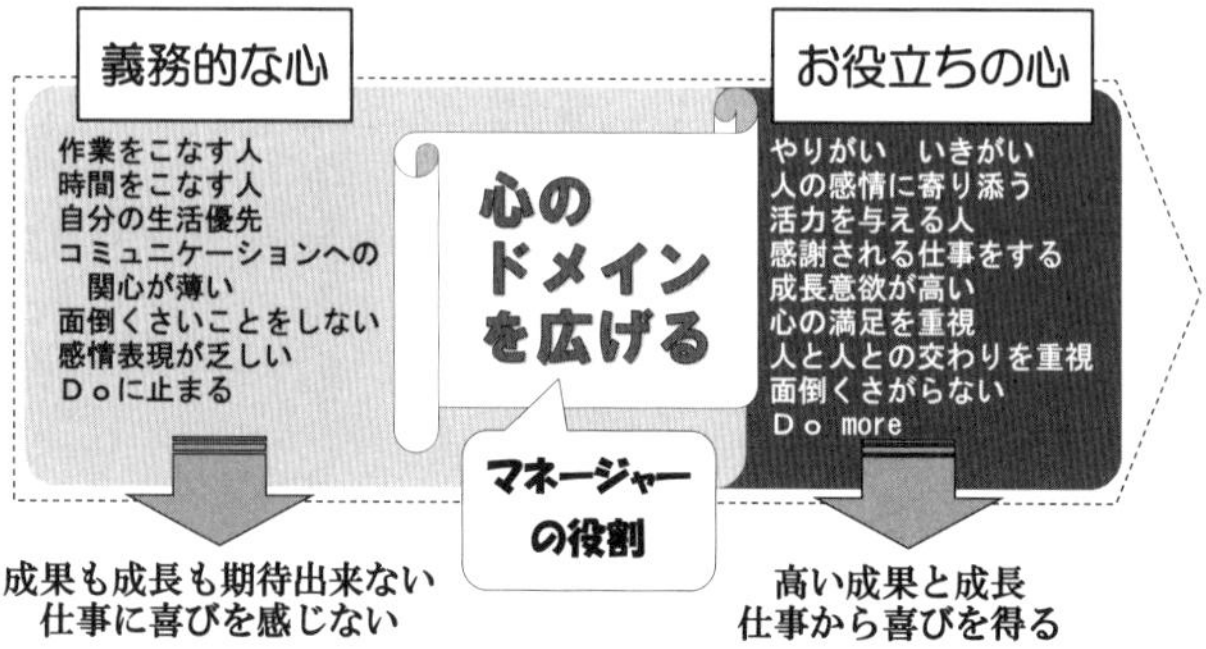

タクシーを降り、気持ちを切り替えて事務所に入ったつもりでしたが、つい、税理士の先生に、自分のおさまらない気持ちをこぼしてしまいました。

打合せを終えて会社に帰る時になっても雨は降りやみません。また駅までタクシーを利用することにしました。運よく事務所の前で空車を拾うことができました。

「ＪＲ新宿駅西口までお願いします。近くてすみません」

おそるおそるお願いしました。

運転手Ｂ「いえいえお客さん、距離ではありません。ご利用いただけるだけで嬉しいのです。お仕事の帰りですよね。お疲れでしょう。短い時間でもゆっくりお過ごしください」

行きのタクシーとは雲泥の差。それまでの気分の悪さが一挙に吹っ飛びました。
短い時間でしたが、とても気持ちの良い時間でした。

この違いは何だろう。そうか！
行きのタクシーの運転手さんは「単に人を運び、少しでもお金を稼ぐ人」
帰りの運転手さんは「ご利用いただくお客様のお役に立つ人」
「心のドメイン（領域）」に大きな違いがあることに気がつきました。

「どうせ仕事をするなら感謝される仕事をしよう」

これはモスの創業者が常々言っていたことで、まさに「お役立ちのドメイン」です。
お店のスタッフは単なる「売り子」ではなく、お店を利用するお客様にとって「お役に立つ人」でなければならないことを意味します。

■作業や技術よりも大切なものとは

このエピソードは、外食業におけるマネージャー職の大切な役割を示唆してくれます。

マネージャー職は、最初の教育（オリエンテーション）で、作業や技術を教える前に、**仕事の「使命」「役割」といった、「心のドメイン」のあり方を教えることが重要**です。

われわれの仕事は、ご注文いただいたメニューを提供するだけの「作業をする人」ではありません。お店をご利用いただいたお客様の「お役に立つ人」であることをしっかり心に宿していただくことが重要です。

お店は「お客様に心の満足を感じていただく場」、「お客様に幸せを提供する場」です。

それを実現するために、スタッフにはまず心の教育として、「お役に立つ人」意識をしっかり刻み込んでいただくことが必要です。

それを心に宿すことによって、働く意味を理解し、それが「やりがい」につながっていくはずです。その態度を日々持ち続け実践していくことで、きっとお客様から感謝の言葉やお褒めをいただくことになるでしょう。

「褒められるって、こんなに気持ちいいこと」

そう感じた時に「成長実感」を味わうことでしょう。おのずとそれが「プライド」となり、「ぶれない心の力」になります。

そしてそういう「お役立ちの心」で接客するスタッフがいるお店は、仮にスタッフやお店にとって面倒臭く、時には損と感じることでも、お客様の喜びにつながることは、積極的に、そして温かく手を差し伸べることでしょう。

その思いやりこそが、お客様から高い評判を生み、地域に無くてはならない、愛される「ブランド」として認められるのです。

❖3　ブランドは人の心から染み出るもの

■アルバイト学生が見せた笑顔と涙

熊本市内のモス店でアルバイトをしている大学生のエピソードを、そのお店のマネージャーからお聞きしました。

このお店は、すぐそばに大きな病院があるドライブスルー店で、大学3年生のC君はここで週2〜3回、アルバイトしています。

とっても笑顔（ニコニコ）が良くて、ハキハキ、キビキビしています。

（サービス業は「ＮＨＫ」（ニコニコ・ハキハキ・キビキビ）が大切。）

C君は毎週金曜日の夕方はほぼ入店しています。

半年ほど前から、金曜日の16時頃になると、決まったように強面のおじさんがドライブスルーをご利用されるようになりました。なぜか不思議といつもタイミングよくC君が接客にあたります。ご注文メニューはその都度いろいろです。

実は、その方が初めてご利用された時、ご注文の精算の際に、C君が「レシートはごいりようですか？」とお聞きすると、低音の野太い声で「いらん！」と一言。

C君は怖い印象を受けたようですが、それでもニコニコしながら「かしこまりました」と返事をしました。

二度ほどこんなやり取りがありましたが、いずれも「レシートはいらん！」とのこと。

それ以降、このお客様にはレシートは特に渡さなくていいものと判断していました。

それ以外の会話はほとんど交わしたことはありませんが、C君はいつも笑顔の接客を忘れませんでした。

それからまた半年ほどが過ぎたある金曜日のやはり16時頃。

そのお客様はいつものドライブスルーではなく、いきなり店内に入って来られました。あまり顔色が良くなく、歩き方もややおぼつかない様子だったそうです。

その時も、レジ対応はタイミング良くC君。

カウンターで少な目の品数をご注文されたそのお客様に、C君はいつものようにニコニコしながら応対します。

すると、その日に限って「おい！　レシートくれ！」

「は、はい！　かしこまりました！」

いつもは要らないとおっしゃるのにどうしたのだろうと、いぶかしく思いつつレシートを手渡しました。何か声を掛けてあげたい気持ちにかられましたが、そんな雰囲気ではありません。

C君は「イートインは珍しいな…」とそのお客様のことが気になりながらも夕方のピークタイ

ムになり、あちこち動き回って仕事をしていると、いつの間にかそのお客様はお帰りになっていました。

ピークタイムが終わり、C君が店内を見回りつつ、テーブル拭きやゴミ拾い、ペーパーナプキンの補充などをしていると、ふとダストボックス上に設置してあるアンケート回収ボックスに何か入っていることに気がつきました。

それはカウンターでC君が手渡したレシートでした。裏を見ると、たどたどしい文字でこう書いてありました。

「ワシは事情あって、もうこの店に来れんことになった。**いつもあんたの笑顔がワシの支えやった。ありがとな**」

C君は涙をこらえ切れませんでした。

自分の「笑顔」がこれほど人を元気づけていたとは。笑顔のエネルギー、その大切さをあらためて感じました。

（このエピソードを聞いて以降、私は「笑エネ《しょう》」をキーワードにしています。）

あの時声を掛けておけばよかった…C君は悔やみました。

その日を境にそのお客様がご来店されることはありませんでした。どうされたのかは想像の域を超えません。

C君はそのお客様のことを追うことも調べることもあえて止めました。むしろそれが心遣いだと思いました。ただこのお客様の快癒を心からお祈りしました。

「あなたがいるから私はこの店に足を運ぶ」

マネージャー職にある人は、そうお客様から言ってもらえる「あなた」をいっぱい育てたいものです。ブランドはそういう「あなた」の心から染み出るものです。

❖4　主語は「一人ひとりのお客様」

モスの創業間もない1974（昭和49）年8月頃のお話です。

私は当時大学4年。モスの直営1号店（成増店）、8坪程の小さな店のアルバイト学生でした。

私のシフトは固定で「早番」。朝6時に入って食材の仕込みや清掃などもろもろの準備をして7時に開店。そこから13時までの勤務です。


学業のほうはすでにほとんど単位を取得しており、週2日だけ必修科目を受講すればよい状況でした。就職も都銀から内定をもらい、あとは卒業を待つばかりでした。

週2回の大学の講義はどちらも午後なので、モスでのアルバイトを終えてから大学に行きます。親の仕送りもあまり期待できない貧乏学生ゆえ、アルバイトで生活をつないでいました。

■一人ひとりのお客様を心から大切に

「早番」の時間中、いろいろなお客様が来店されます。ほとんどがお馴染みさんで、現代風に言うと「ロイヤルカスタマー」です。
狭い店内でカウンター越しに会話もでき、お客様のお名前、勤務先、お住まいなど自然と覚えてしまいました。

来店されると何も言わずに、決まった席に座り新聞を読み始める信用金庫の職員さん。いつも召し上がるものが同じでテリヤキバーガー２個。商品が出来上がると「○○さま～」と言って提供します（今は個人情報に触れるので、デリケートな問題ですが）。

そうしたお客様の中に、東武東上線の朝霞駅から成増にある建設会社に勤務していたスズキさん（仮名）という方がおられました。

スズキさんは、毎朝ほとんど狂いなく8時15分にご来店されます。
成増店は駅からの道がゆるやかな下り坂になっており、道がやや曲がったところに当店の入り口があるので、スズキさんが歩いてくるのがレジカウンター越しからよく見えます。
「モスチーズバーガー」に「アメリカンコーヒーのブラック」が定番です。私はスズキさんがカウンターから見えた瞬間に作り始めます。

スズキさんは注文もせずに、いきなり私に話しかけてきます。今日の気温のことから始まり、熱烈な巨人ファンで昨日の試合結果の話題。声が大きく、にこやかな楽しい方です。

席に着いたその瞬間にいつもの商品をご提供します。

大きな口をあけて、がっついて「今日も美味いなー」

嬉しい一言です。


そのスズキさん、ある時からぴたりとご来店が止まりました。

最初は、今日はお休みかな？　と思った程度でしたが、2～3日してもお顔を出さないので、あれ、どうしたのだろう？

さらに1週間ご来店されません。「もしや…」そんな心配すら同僚としていました。

そして1週間が過ぎた、ある日の朝8時15分。

「あ、スズキさんだ！」

店に向かって歩いてきます。

「スズキさん、どうしてたのですかー。心配してましたよ」

「いやね、久しぶりに家内と京都旅行に行ってたんだよ。お互い行ったことが無かったからね。

今さら恥ずかしいねー」
「そうですか。それは良かったですね。楽しかったですか」
「うん！　初めての清水寺、舞台からのながめ、最高だったよー」
「実は本当に心配していたのです。病気になったのでは…そうも思いました。いやーホッとしました。ではいつものやつ召し上がってください！」

その時、私はうっすら目に涙が溜まっていました。もちろん嬉し涙です。

■一人ひとりのお客様の心の琴線にふれよう！

これがモスの姿勢。

昔は、商品ができたらお名前でお呼びするくらい近い関係性づくりをしていました。むしろそれが当たり前でした。

流動的なお客様を、生産性向上のためにマニュアル運営で「こなす」のではなく、一人ひとりのお客様に寄り添い、好みを把握して、個別対応を心がけるというのがモスの方針でした。

誰に対してもざっくりと「お客様ー」と「普通名詞」で捉えるのではなく、一人ひとりのお客様の好みに個別に寄り添う、いわば「固有名詞」としての対応です。

「心の琴線にふれるサービス」

それがモスの強みでした。

■固定客になりたいシニア層

近年、商圏はどんどん狭くなり、競争が激しさを増しています。その中で愛され続けていくためには、魅力ある、お役に立てるお店として認められること。そうしないとすぐ淘汰されてしまいます。

一方、今の時代、「固定客になりたい」と思っているお客様は少なくないように感じます。特にシニア層です。

シニア層は、お店の選択肢が増えている中で、どこが安心でき、心落ち着ける店なのか…それを盛んに探しているように思えます。

自分を「お客様」として認めてくれる、意識してくれるお店。

決まりきった接客で「こなされる」対象ではなく、自分の存在に気づいてくれて、声を掛けてくれる、情緒あふれた「私の馴染み店」を求めています。

シニア層はこれから大きなマーケットになります。

「固定客になりたい！」というオーラを発しているにもかかわらず、相変わらず同じ言葉や表情で対応し、心・感情でお客様を受け止めようとしないお店のなんと多いことか。

まるで固定客化を拒否するかのようなメッセージです。

多くの外食企業の幹部会議では、「お客様の心に寄り添って、温かいサービスをしよう」と盛んに言っています。

しかし現場を見ると、淡々とお決まりの作業をしているだけのお店が少なくありません。

「心の琴線に触れるサービス」

この言葉が死語にならないことを願うばかりです。

そしてあらためて、主語は「一人ひとりのお客様」であることを肝に銘じたいものです。この意識こそが、「現場力で競争優位に立つ」根幹になるのです。

❖5 「モチベーション売上」の存在
～「内部ブランディング」の強化～

外食店には不思議な現象があります。

それは「モチベーション売上」です。

科学的な根拠はありませんが、マネージャーの「モチベーションの高いお店」が相対的に売上が高い傾向にあります。

私は、モチベーションとは「心に宿すいきがい」と思っています。

モチベーションの高いマネージャーは、会社の「理念」や「使命」をしっかり理解し、その実践を通じてお客様に喜んでいただこうという思いが強く、そしてそれを自らの喜びとしている人です。

その思いが、行動の量と質を格段に高めています。

そして、日々ひたすら・ひたむきに「どうすればもっとお客様に喜んでいただけるか」を考え、

「ここまでやってみよう！」「いやこの点もやってみよう！」と、前向きに取り組んでいます。

その結果、「(ここまでやって) 当たり前」の範囲がどんどん広くなっていきます。

■「当たり前」の範囲を広げる

「当たり前」の範囲が広くなると、商品づくり、清掃、接客がマニュアルレベルの「DO」から「DO　MORE」へ、そして「MORE&MORE」へと磨かれていきます。もちろん、チームであるお店のスタッフを巻き込みながらであることは言うまでもありません。

すると、マニュアルどおりに作った商品でも、見た目の綺麗さ、ボリューム、温度など、他店と圧倒的な差がでてきます。こだわりの「心の調味料」がたっぷり入っているからです。

お掃除も、それこそ隅々までしっかり磨き上げられています。「え？　ここまで?!」と驚かされるところの隅々までです。

それが無理をしてそういるわけではなく、そのお店の「当たり前」の範囲に入っているのです。

接客においては、お客様の顔をよく覚えて対応しています。マニュアル主義の通り一遍ではなく、心憎いほどの気遣いをしています。

お客様のニーズをさりげなく読み取る「感性」を持ち、「勘」を働かせています。そして、先手必勝の気配りを心がけています。

こういうお店はエピソードが多く、感謝の手紙までいただきます。お客様との「物語共有店」です。

働くスタッフはそのお褒めで、「感謝されるってこんなにも気持ちいいことなのか」を実感します。そしてお客様のために尽くす自分の仕事に「プライド」を持ち、さらにモチベーションが高まっていきます。

まさに「成長実感」を自覚するのです。おのずと売上も高いお店になります。

■お店は面接されている

今の時代、仕事に対し単に生活費だけを求めている人は少ないと思われます。むしろ仕事を通じて、素敵で楽しいコミュニティの場、成長できる場、そんな職場を望んでいます。

給与よりも「いきがい・やりがい」を重視しているのです。

外食業で働こうとしている人は、お店の面接を受ける前に、すでにご自身がお店にお客様として訪ね、お店を面接しています。つまり、お店は面接されているのです。

スタッフの皆さんが生き生きと働いているか、コミュニケーションがぎくしゃくしていないか、などじっくり観察し、そのうえで面接を申し込むかどうか決めるのです。

面接希望者が多いお店は、求職者のお眼鏡にかなったモチベーションの高いお店です。

「時間給が他店より高いのに一人も応募してこない」

と嘆いているマネージャーは、**そのお店が求職者の面接ですでに落ちているということを認識す**べきです。

■日頃のお客様との関係性を大切にする

話を戻しましょう。

モチベーションの高いお店でも、人間がすることなのでどうしてもミスは起こります。

しかし日頃から誠心誠意のお詫びをしていれば、

「いつもはきちんとされてますよね。今回はたまたまだと思います」

「気にしないでください。また来ます」となります。

ところが、いつ行っても自分を意識してくれなかったり、心のこもっていない挨拶や誠意の無い態度のお店では、同じ類のミスであっても、この時ぞとばかり徹底的に叩かれることがあります。

ましてや不祥事ともなると、マスコミの格好の的になります。

日頃の対応の違いが、いざという局面でお客様から許してもらえるカテゴリーに入るのか、はたまた徹底的に叩かれるカテゴリーに分類されるのか…。

それは日頃の「お客様との関係性が誠意にあふれているか」にかかっているようです。

「ブランドは人の心から染み出るもの」

その自覚と態度がカテゴリー分けの分岐点にあるようです。

ブランドに胡坐をかいて、誇りを勘違いして傲慢な態度をとってはならないことは言うまでもありません。

■マネージャーが語るべき3つのプライド

「スタッフの給料を負担しているのはお客様」

これを常に忘れてはなりません。「売ってやっている」といった態度は絶対厳禁です。

いくら言葉が綺麗でも簡単に見抜かれてしまいます。その目、その声、そのしぐさに本心が表れるからです。

そこで！

マネージャーは「内部ブランディング」に力を注ぎ、スタッフのサービス意識の向上に努めましょう。

機会あるごとに〝自分の言葉〟で次の「３つのプライド」をスタッフに話しましょう。

・会社の「ぶれない心」（理念・品質価値のこだわり）
・会社の「生まれと育ち」（創業期のマーケティング、他との戦略的違い）
・会社の「らしさ」（品格・人柄の価値、大事にしている風土）

この「プライド」は「ぶれない心の力」になります。

マネージャーはこの点をしっかり頭に入れ、

①自分の経験を踏まえエピソードを引用しながら自分の言葉で分かりやすく話す
②チームで共有するために、聞いた人がその時不在の同僚に伝えやすいように話す
③得た知識や教えが一つでも現場での行動につながるように話す

これが基本と考えます。

この3つを基本として、スタッフに接してみてください。続けて1か月、スタッフの、そしてあなたの表情は、きっと変わったものになっているはずです。

第4章
7つのエピソードから学ぶホスピタリティ精神

❖1　空港で体験した「サービス」と「ホスピタリティ」

■2人の対応に見る「サービス」と「ホスピタリティ」

今から10年以上前のことになりますが、私の記憶にずっと残るもの、そして事あるごとに語らずにはいられない心温まるエピソードです。


それは羽田空港での出来事でした。

私は宮崎へ出張のため某航空会社便の搭乗待ちゲートのところにいました。

搭乗手続きの時間が近づいてきた頃、機材遅れのために20分出発が遅れるとのアナウンスが流れました。


すると案内表示を見て、80歳近いと思われる老夫婦が待合席から立ち上がり、搭乗口まで近づいていきました。そろそろ搭乗手続き開始時間と思ったようです。

どうやら今のアナウンスがよく聞き取れなかったらしく、時間になってもゲートインにならないので2人とも困惑の表情を浮かべています。キョロキョロと落ち着きません。

私がお声をかけようか…とした矢先、同じようにそれに気づいたグランドスタッフが老夫婦に近寄り、手ぶりを交えて説明を始めました。ただそれが早口です。

「お座りになって、もうしばらくお待ちください」

老夫婦は元の席に戻ったものの何かまだ不安気です。

そうすると、そのボディランゲージを感じ取った別のグランドスタッフが老夫婦に近づき、座っている老夫婦の前に片膝をついて、笑顔でゆっくりと事情を説明し始めました。

「時間になりましたら、また私がお声を掛けますね！」

と聞こえました。何と素敵な！

ようやく状況が分かって安心されたのか、老夫婦は満面の笑顔になりました。

「ありがとう！　ありがとう！」何度も繰り返していました。

私はこの様子を見て、サービスとホスピタリティの違いを感じました。

最初のグランドスタッフは、老夫婦の困った表情を感じ取って、即座に状況説明に向かったことは素晴らしかったのですが、どうやらお客様の心にストンと落ちなかったようです。

行動自体は素晴らしいのですが、これは一般的な「サービス」のレベルです。

もちろんやらないよりは随分ましです。


2人目のグランドスタッフは、老夫婦の表情から、今の説明では状況を理解されていないことを感じ取り、同じ高さの目線で丁寧に説明されました。

しかも笑顔いっぱいで、良く聞こえるようにトーンを上げ、ゆっくりと。

さらに「時間が来たらまたお声掛けします」のオマケつきです。

これこそが**「サービスを超えたホスピタリティだ！」**と感動しました。

行為や説明の内容は同じでも、一方的な説明の「サービス」ではなく、お客様の気持ちに寄り添い、その目線に合わせて接することでお客様の笑顔につながり、感謝される。

このレベルになってこそホスピタリティだと得心しました。


サービスとホスピタリティの明確な違いを、笑顔の素敵なグランドスタッフが教えてくれました。

きっとこの老夫婦は、旅から帰って思い出話に花を咲かせる時、あるいは家族との団らんや友人とのお茶の場で、この航空会社のグランドスタッフのエピソードを何度も語ったことでしょう。

企業の「ブランド」はスタッフの人柄を通して表れます。

その「らしさ」をお客様が感じる姿で実践しています。

このグランドスタッフは、自社のことが好きで、そこで自分のすべてを表現できる仕事に「誇り（プライド）」を持っているに違いありません。

お客様と身近に接し、寄り添い、そして喜んでもらうことが楽しくて仕方がない。

そんなマインドが「もっと温かく、もっと優しく」という気持ち（ホスピタリティ）に駆り立てるのでしょう。

このグランドスタッフのホスピタリティのお陰で、ほのぼのとした気持ちになりました。

❖2　機内で受け取った感激の「ラブレター」

■機体トラブルで現場は混乱

２０１３（平成25）年に体験した思い出深い、感激のエピソードをご紹介します。

私は出張のため、羽田空港から某航空会社の熊本便に搭乗する予定でした。ところが機体に不具合が発生し、その便は欠航となったため、やむなく私は出張を一日延期することになりました。

チケットは翌日の便に自動的に振り替えられるわけではなく、自分で変更手続きをしなければなりません。私はいったん電話で手続きを済ませました。

しかし、極めてイレギュラーなケースらしく、明日の出発前にカウンターに来て欲しいとのことでした。

翌日、搭乗手続きカウンターに出向くと、なぜか振替登録がきちんとできていなかったようです。昨日の機体トラブルの影響は他の便にも派生して、現場はかなり混乱しているようでした。

もしかして電話のやり取りがまずく、私が言葉足らずだったかも知れない。

いずれにせよ、その原因を追究しているヒマはありません。

私は振替登録手続きが完了していると思い込み、時間に余裕を見ていなかったのです。搭乗時刻は刻々と迫ってきます。

その慌ただしい中、航空会社の女性スタッフが機転を利かせて奔走してくれました。

出発直前のことで、私には分からないのですが、かなり複雑なオペレーションの様子です。

カウンターでパソコンを操作したかと思うと、バックヤードで何やら相談。また戻ってきて画面と奮闘。それこそ額に汗の状態でした。

その折々に私へのお詫びの言葉を伝えてきます。私のほうが手続きミスをしているかも知れないのに…です。

それはそれは一生懸命。何とかしてお客様の搭乗時間に間に合わせなければ…そんな思いが伝わってきました。

私もサービス業（外食）に勤める一人として、日頃から社員・スタッフには「お客様へのおもてなしの大切さ」を語っています。

汗だくで一生懸命に対応してくれているその女性スタッフを見て、感激してしまいました。

なんとかギリギリで搭乗手続きを終え、チケットを受け取り、検査場に走りました。

すると、何とその女性スタッフが「お見送りさせてください！」と検査場まで一緒に走ってくれるではありませんか。走りながら、「ご面倒お掛けし、本当に申し訳ございませんでした」そう心からの言葉を添えて。

この方に何か御礼がしたい。

いつもならカバンの中に、モスの試食券が入っているのですが、たまたまその日は忘れてしまいました。「こんな時に限って…でも何かできないか」

自分でも何を思ったのか、咄嗟に名刺をその女性スタッフに手渡しました。

「ありがとうございました。これも何かの縁ですね」と一言添えて。

検査場を抜ける間も、そのスタッフは検査場の手前で何度も腰を折り、お詫びをしていました。

胸のネームに「F」とありました。

■1週間後にサプライズが

それから1週間後。今度は沖縄への出張のために、同じ航空会社の便に乗りました。

座席に座るやいなや、キャビンアテンダント（CA）さんが笑顔で近寄ってきて、一通の封筒を私に手渡してこう言いました。

「田村様にラブレターをお預かりしています」

中を開けると、ブルーカラーのポストカードが入っていました。

そして丁寧な文字でカードいっぱいに、こんなメッセージが書かれてありました。

2013・2・28　○○便にご搭乗の田村　茂様

本日も弊社の便をご利用いただきまして誠にありがとうございます。

2月20日に羽田―熊本の搭乗手続きをさせていただきましたFと申します。突然のメッセージをお許しください。

先日は、長時間お待たせしてしまい大変申し訳ございませんでした。その後、ご不明な点などなかったでしょうか。

日々お忙しいと思いますのでご記憶にないかも知れませんが、「これも縁だから」と御名刺を頂戴しました。

日頃「お客様とのつながり」を大切にしたいと思っている私にとっては、とても印象的で、田村様の温かなお人柄に強く感動いたしました。

また僭越ながら、貴社のことが書かれた著書『羅針盤の針は夢に向け』を拝読させていただき、モスバーガーの創業者の熱いパッションや『人生はたらいの水の如し』の言葉に共鳴いたしました。

今、ES（従業員満足）、CS（顧客満足）を勉強している私にとって心に響く言葉や参考にさせていただきたい点が数多くありました。

また、私は東武東上線沿いの出身なので、モスバーガー様の創業の地が成増にあると知り、これも素敵なご縁と感じました。

今後もお客様とのご縁を大切に、心に寄り添うサービスを目指して邁進してまいります。

田村様には、またお目にかかれる日を心から楽しみにしています。

寒い日が続いておりますので、どうぞご自愛ください。

長々と失礼いたしました。

○○社旅客部○○課　F

私は、飛行機に乗ってこのような手紙をいただいたことはありません。

那覇空港に到着するまでの間、ウルウルしながら何度も何度も読み返しました。

CAさんの「ラブレターをお預かりしています」の粋な言葉遣いも嬉しく感じました。


沖縄に着いた私は、モス沖縄エリアの店長会に参加し、さっそくこのエピソードを講話の中で紹介しました。

日頃から「人生は出会い、縁心力が存在する」「一期一会を大事にしよう」と思っている私。

Fさんの行動は、これぞホスピタリティの見本だと確信しました。

それ以降も、あちこちでこのエピソードを披露しています。


後日、Fさんにお礼がしたくて、その航空会社を訪問しました。

こういう方が育つ会社はどんな会社なのだろう、と興味を持ったことも理由です。

担当役員の方も同席され、「いや、特別な教育をしているわけではありません。ただ、『お客様とのご縁を大切にしましょう』と言っています。Ｆはそれを実践したのだと思います」

Ｆさんに聞きました。

「Ｆさんは、どんなお気持ちで仕事されているのですか？」

「私は、『世界中をハッピーにしたい』という熱い気持ちで働いています。飛行機が好きだから、この会社で働けて幸せです」

すぐさま答えが返ってきました。世界中をハッピーにしたい！　すごい！　志の大きさにびっくりさせられた瞬間でした。

私はＦさんからホスピタリティの精神を教わりました。一つのトラブルがとても素敵な「ご縁」を生みました。「縁心力《えんしんりょく》」が働きました。

サービス業（外食業も）は人と人とをつなぐ、素晴らしい「ご縁業」であると思います。

❖3　サービスは応用編の時代

■雨と自転車のサドル　～マニュアル外の気遣い～

何年前のことかは忘れましたが、このエピソードは忘れられません。

都下のモス店でのことです。


久しぶりに店長の顔が見たくて、訪問しました。

その日は朝から曇天で、天気予報も「午後から雨」と伝えています。お店に着いた頃には今にも降ってきそうな空模様でした。


ランチタイムのピークが落ち着いた頃でした。美味しいハンバーガーをほおばっていると、予報どおりパラパラと雨が落ちてきました。

その時、女性スタッフのDさん（大学生のアルバイト）がダスター（雑巾）とビニール袋をもって店舗横の自転車置き場へ飛び出していきました。

客席からは広いガラス窓を通して、自転車置き場がよく見えます。数台の自転車が停めてありました。もちろんお店にご来店中のお客様のものです。

Dさんは、一台一台の自転車のサドルを綺麗に拭き、そこにビニール袋を掛けていきました。

「うわッ、すごい！」

作業を終えて店内に戻り、私の前を通り過ぎようとしたDさんに思わず声をかけました。

私「素晴らしい！　その仕事、店長の指示ですか？　あるいはお店のルール？」

「私、何か間違いをしたでしょうか？」

私「いやいや、素晴らしい気遣いです。感心しました」

「私は同じ市内に住んでいますが、バイトがある時、ここまで自転車で通っています。今日は夕方で上がるのですが、帰る時サドルが濡れているのヤダなー、と思った瞬間、それはお客様も同じだ！　と思って飛び出しちゃいました。自分の判断です」（笑顔）

■サービスは応用編の時代

「この時はこうしなさい」

「この場面ではこうしなさい」

のマニュアル運営はとっくに終わりを告げています。今日、サービスは応用編の時代です。

「その時、その場面」で瞬時に、あなたはどう行動するか。

大切なのは、どう表現すればお客様に喜ばれるかということ。

お客様の気持ちになって考え、良いと思ったことはすぐ実行する。

これがまさに応用編の時代に求められる答えです。

マニュアルには載っていない咄嗟の気遣いを、失敗を恐れずに行動に移す風土づくりもマネージャーの重要な役割です。そしてこのような素敵なエピソードをスタッフ全員で共有し、心温まる感情として心に宿すことが大切です。

いつの日か想定外の「その時」が来たら、その「感覚・感性」が素敵な行動へと導いてくれます。

マネージャーはこのような「臨床例」の引き出しをいつもいっぱいにしておき、事あるごとに、スタッフの皆さんにお話しするとよいでしょう。これこそ生きた教育そのものだと思います。

仕事についたばかりの時は、一つひとつの作業を、この時はこうする、その場合はこうやる…と、マネージャーや先輩から丁寧に教わったことでしょう。

しかし、いつまでも方法論を教わっていたのでは、マニュアル人間になってしまいます。**マニュアル人間では、お客様に感動を与えることができません。**

方法論から応用編に切り変わること、すなわちサービスからホスピタリティへと昇華していかなければなりません。

その切り変わる「分岐点」を一日も早く迎えてもらうために、マネージャーは自分の体験や他で見聞きした、「感動の臨床例」を沢山話し、心温まる「感覚」をスタッフの心に宿してあげることが必要です。

その「感覚」が、ある場面を迎えた時に、ここは「こうしてあげよう！」と咄嗟に動く自然体のホスピタリティに導いてくれます。そこから「感動の物語」は生まれます。

マネージャーは、「心温まる臨床例」の仕入れ人です。

そのような情報をシャワーのように浴びておくことが、人材育成のテキストになります。

お店での会話は、いつも「お客様との関係性・接点」を話題の真ん中におきたいものです。

❖4　買い物には「意味・ワケ」がある

■旅行代理店での出来事

２０１６（平成28）年の９月、私は結婚記念日（９月27日）を前に、家内に何か欲しいものがないか尋ねました。

「特に無いけど…そうね、それならハワイ島に行ってみたい」

早速、私は池袋にある某大手旅行代理店を訪ねました。しばらく待たされた後、女性担当者Aさんの窓口に案内されました。

「（無表情で）ご来店ありがとうございます。どちらへ？」

私「（なんて感じの悪い子だろうと思いつつ）ハワイ島に行きたいのですが」

「ご予定はいつですか？」

私「11月の末から４泊６日を希望です」

「ホテルはどちらにされますか？」

私「どこかお薦めはありますか？」

「お客様のお好みですが…」

Aさんは面倒臭そうにパンフレットを広げて紹介していきます。こちらの旅行の意味や旅先でのニーズを何も聞こうとせず、要件だけ質問してきます。

「オプションはどうされますか？」

私「何かお薦めはありますか？」

「（パンフレットを開きつつ）お客様のお好みですねー」

相変わらず素気無い態度です。

私は席を立って他の代理店に行こうかと思いましたが、我慢してそのまま話を進めました。他の提出書類の件もあり、私の都合で2日後に再び伺うことになりました。

Aさんはたまたま2日後は休日シフトで、「代わりの者（誰でも）に分かるようにしておきますので」との言葉をもらってその日は帰りました。

そして2日後の約束時間に再度お邪魔しました。

窓口で自分の名前と要件を伝えると、なんとだれも聞いていないとのことです。

すぐ責任者を呼んでもらい、事の経緯を説明し、対応のまずさを指摘しました。

責任者からお詫びの言葉をいただいたものの、これから別の代理店へ行く時間も無く、ひと通り手続きを済ませてその代理店を後にしました。

悶々とした気持ちがいつまでも残りました。

■航空会社のホスピタリティ

出発日の11月30日。利用する航空会社のカウンターでチェックインの時です。

グランドスタッフBさんから、利用いただくことへの心からの感謝の言葉がありました。その表情の何とにこやかであることか。

Bさんの素敵な笑顔に誘われ、私は聞かれてもいない今回の旅の目的までぺらぺらと話してしまいました。

「結婚35周年の記念に家内とハワイ島に行くのです」

「それは本当におめでとうございます！　奥様良かったですね。ハワイ島いいですよねー。たっぷり楽しんできてください」

気持ち良いチェックインタイムでした。

搭乗までの間、ラウンジで家内とBさんの対応について話し合い、お互い感心しきりでした。

気持ちが躍ります。


いよいよ搭乗。座席に座った途端、びっくりのサプライズが待ち受けていました。

CAさんから何か書かれたカードを渡されました。


ご結婚35周年おめでとうございます。

ご夫妻でどうぞ素敵なハワイの旅をお楽しみください。

機内では何なりとお声掛けください。

○○便CA一同

もう家内とともに大感激。涙ウルウルです。

あの時、某旅行代理店で味わった腹立たしいほどの嫌な気持ちがたちどころに消え去りました。

それにしてもすごい！

カウンターでの何気ない会話がこんな感動につながるとは。

私たちの旅行には大事な「意味・ワケ」があることをグランドスタッフのBさんは感じ取り、その意味をすぐさまCAさんに伝え、CAさんは出発準備の多忙な折に、お祝いのカードを書いてくれたのです。

仮にそういう仕組みになっているとしても、それを短い時間できっちりと実行するこの航空会社の皆さんの対応は素晴らしい。

これぞホスピタリティ！

お陰様で最高の結婚記念旅行になりました。ハワイから帰ってきてからしばらくの間、家内とこのエピソードで盛り上がりました。

「ブランドは人の心から染み出るもの」

この航空会社の皆さんの心には「理念」が立派に息づいています。

そして素敵なお人柄の集団であることを身をもって体験したことで、以来その会社の大ファンになりました。

❖5　自分の心が豊かでなければホスピタリティは生まれない

■お気に入りのセーターが…

今から5年ほど前のエピソードです。

雨のそぼ降る11月の寒い土曜の午後でした。

私の元部下に子供が誕生した記念にと、プレゼントを買いに家内と埼玉県内の百貨店に出かけました。

フロアをゆっくりと見て回っていると、アパレルL店のショップで素敵なデザインのセーターが目に飛び込んできました。思わず近寄り肌触りと値段を確認しました。

いい品物だけに、なかなかのお値段です。

まてまて、今日の目的はこれでは無いと我に返ります。

ベビー用品売場に行って、贈り物を決め、発送手続きを済ませました。

「これでＯＫ！　さあ帰りましょう」と家内。

「ん、ちょっと…」

「どこへ？」

私はどうしてもあのセーターが気になり、足をそちらに向けることに。

そのショップでまたセーターを手に取り、「いいなー。いいデザインだなー。あったかそう」などとブツブツを連発していると、家内が笑いながら「試着してみれば？」

ネイビーとくすんだ赤が交互に配色されたラガーデザイン。すっかり気に入ってしまいました。

「あら素敵ねー、似合うじゃないの。買えば！」

「（内心、やった！　とガッツポーズ）いいの？」

私は欲しい物が手に入った時の子供ように、セーターが入ったそのブランドの素敵な紙バッグを軽くスイングさせながら家路を急ぎました。

さっそく明日着てみよう！

翌日曜日。この日も朝から気温が低く、外出には厚手の物が必要なほどです。

午前10時に友人と会う約束があり、早速昨日買ったセーターを着てみました。

「うわーあったかい！　軽い！」

さらに寒さ対策で、コートを軽く羽織ることにしました。

これが悲劇の始まりでした。

トイレに寄ってから行こうと、羽織っていたコートを脱いだ時、コートの襟にある小さなフックにセーターのネック部分が引っかかってしまったのです。

脱ぐと、すーっと一本の糸がほつれて出てきました。

「あっちゃー」コートのホックをセーターからゆっくりと外し、セーターを脱いで家内に見てもらいました。

家内は、手先の器用さで押し込んだり全体を軽く伸ばして糸を引き込もうしたりいろいろやってみましたが、うまく行きません。

「用事が済んだら、あのＬ店に持って行ってみましょうよ」

帰宅後、家内とＬ店に向かいました。ちょうど昨日と同じ店員さんがいました。

「あのー、私のミスでこんなになってしまったのですが…直しは可能でしょうか」

「（いきなり）うーん、見た感じ厳しそうですね。一応、本社を通じて縫製会社に確認してみます。少しお待ちください」

電話でやり取りした後、

「お客様、やはり難しいとのことです。特殊な編み方のようで…。お役に立てずすみません」

「そうですか…わかりました…」

（一度袖を通しただけで着ていないのも同然…もったいないことしたなー）


その店員さんは「市内に洋服のリペアのお店があります。そこで相談されたらいかがですか。場所はここです」と地図で教えてくれました。

「私、明日行って聞いてくる」と家内。


翌月曜日。仕事を終えて帰宅するやいなや「どうだった？」と尋ねると、

「ダメだった。やっぱり難しい縫製なんだって」

「そっか…」

セーターを紙バッグにたたみもせずに投げ入れました。

■店長がとった対応に大感動

それから1週間ほど過ぎた月曜日の19時頃、私が仕事帰りに万年筆のスペアインクを買いに池

袋のＴ百貨店に立ち寄った時のことです。

文具売場の近くに、同じブランドのＬ店のショップがあり、同じセーターが通路前の目立つ台にでーんと鎮座しているではありませんか。

ラガーデザインがまぶしい。思わず、上から軽く押すように肌触りを確かめてみます。

「うーん、やっぱりいいなー」

そんな私のしぐさを見て、ニコニコと店員さんが近づいてきます。

「もしよろしければ、試してみませんか？」

「はあ…」

「このデザイン、斬新でカッコいいですよね」

「ですよねー」

この店員さんのさりげないアプローチの仕方と素敵な笑顔に心ほぐされ、これまでのいきさつを話してしまいました。

「そうでしたか…。お手数ですが、一度私にお見せいただけませんか？　直せるかどうか、今はお約束できませんが、私のルートでやれるだけやってみます。だって、まだ一度も着たことないのですよね」

（実はほんの一瞬、袖を通したのだけれど）

2日後の水曜日に、紙バッグに放りこんだままの状態で持っていくと、その店員さんはじっくり見ながら、他の箇所も確認しつつ言いました。

「確かに珍しいほつれ方ですね。でもやれるだけやってみます。2～3日お待ちいただけませんか」

「かしこまりました、ご連絡お待ちしています。でも、仮に直っても買った時と同じ程度のコストがかかるようでは意味ないですよね」

「その点も含めてご連絡いたします」

預かり証をもらって帰宅しました。担当欄には「T」とありました。

それから3日後の土曜日、私は出張で栃木県那須塩原にいました。車で移動中、携帯電話が鳴りました。路肩に停めて出てみると、

「田村様の携帯でしょうか？　T百貨店L店のTです。お預かりしたセーター、直るそうですよ」

「ほ、本当ですか？　でも修理代、馬鹿にならないのでしょうねー」

「いや、大丈夫です。無料でお直しします。だって一度も着たこと無いのですよね。手直しに1週間程度必要とのことです。出来上がりましたらまたご連絡差し上げます」

「ワオー、本当ですか。ありがとうございます！」

思わず声を上げてしまいました。

1週間後、携帯電話が鳴りました。

「T百貨店L店のTです。田村様、セーター綺麗に仕上がっていますよ。お預かりしておきますのでいつでもお越しください。私は○曜日が休みですが、それ以外はおります。お待ちしております」

「ありがとうございます。明日の日曜日にお伺いします」

翌日、私はそのセーターを受け取りに行きました。

見ると、糸がほつれた品物とは思えないほどの出来栄えです。思わず私は「別の新品を用意されたのでは？」と言わなくてもいいことを口にしてしまいました。

「そんなことはしませんよ！（笑）。ベテランの縫製員がしっかり直してくれたものです。ぜひ着てみてください」

試着室に入り、着た瞬間ウルっときてしまいました。

「やっぱりいい！　愛用します。ありがとうございました。それにしてもご苦労お掛けしました。マジックですねー。すごいです。参りました」
感激のあまり、名詞交換してもらいました。
「店長　T」とありました。

そして私の「何としてでも着たい」という気持ちを縫製員さんが真正面から受け止めていただいたことに心から感謝をお伝え下さるようお願いしました。

以来、Lブランドの大ファンになりました。いや、T店長のファンにです。

そのT店長はほかの店に異動になりましたが、今でもそのT店長のいるお店から買うようにしています。

■「心の豊かさ」が行動を生む

お客様にとって困った事象が発生した時に、面倒臭い気持ちでそれを受け止めるか、それともできる限り対処をしてみようと「積極的・肯定的」に受け止めるか。

後者の場合、結果はどうなるにせよ、お客様の感謝たるや想像に余りあります。まさに私もその一人でした。

結果的に、セーターが修復できなかったとしても、T店長のとった行動で、私の、何とも名状しがたい、気持ちのもやもやは消えていたことでしょう。

T店長は、「心豊か」な人であることを実感しました。

「心豊か」であるからこそ、一見面倒臭く思えることでも、お客様が困っていることに対し、とことん問題解決のために力を尽くすことができるのでしょう。

心が豊かでなければ、ホスピタリティは生まれません。

心が豊かになるには、人の痛みを自分の痛みとして感じ、そこに手を差し伸べて上げる、「献身の精神」が必要だと思います。

辛いことや嫌なこと、それを心に閉じ込めて、その先にある、お客様の喜ぶ姿を心に描いて前向きに行動する意識こそが「心の豊かさ」を醸成するのだと思います。

おそらくT店長は日頃からそういう意識をもって、お客様との関係性を通して「心の鍛錬」をしているに違いありません。

❖6　お客様とのさり気ない会話からホスピタリティをつなぐ

■葬儀社の心温まる気配り

２０１９（平成31）年３月28日、父が94歳で亡くなりました。私の両親は岩手県大船渡市の小さな町で穏やかに暮らしていました。そこに９年前、あの忌まわしい東日本大震災が襲いかかりました。港の周辺は広い範囲で壊滅的被害に遭い、死者、行方不明者が多数出ました。自宅は海から離れた場所にあったので、大地震で家の一部が損壊したものの二人の命に別条はありませんでした。

しかし、いつも自分のこと以上に人のことばかり気にかける性格の母親が、肉親・親戚の不幸がストレスとなったのか、認知症を患ってしまいました。

最初は身内でケアをしていましたが、やがて限界がきて施設に移ることになりました。大船渡市の施設は、震災で家を失った方が優先され、結局、母は岩手県の内陸部、奥州市の施設に入らざるを得ませんでした（平成29年11月15日88歳で他界）。

そうすると父が一人になってしまうということで、埼玉県の私のマンションに連れてきて４年ほど一緒に暮らしました。

やがて母同様、父にも認知症の傾向が現れ、施設に預けることとなりました。その後、認知症だけでなく他にも病気が出て、結局亡くなるまで病院暮らしでした。

父の葬儀は、私の現在の住まいであるさいたま市の某葬儀場で執り行いました。

数か月前から、担当の医師からいつ何があってもおかしくない状態と言われていたので、覚悟を決め、事前に葬儀屋さんをあたり、その時に備えて準備しておくことにしました。

近隣の葬儀屋さんをいくつか訪ね、最も対応の良かったH社さんに会員登録し、事前相談しておきました。

そして葬儀の日を迎えることになります。

事前の打ち合わせにもとづき、担当者と葬儀一連の確認を行いました。

その中で、お父様はどんなお人柄だったか、何が好きだったかなど、いくつか質問を頂戴しました。好きなものは「炊き立ての白いご飯をたらふく食べることだった」、そうお伝えしておきました。

それが後々、感動のシーンにつながるとはその時はまったく想像もつきませんでした。

お通夜を無事終え、翌日の告別式。

お坊さんの読経、参列者の焼香も滞りなく終わり、出棺の時間がやってきました。

参列者が沢山の花を添えてあげた後、H社のマネージャーから「私たちからも一つ手向けさせていただいてよろしいですか」と声が掛かりました。

「どうぞお願いします」

その直後でした。

祭壇の横のドアから女性スタッフがワゴンを押して出てきました。そのワゴンには炊飯器が載っています。

すると女性スタッフが、すでに保温状態の食べ頃になっているご飯を手際良く、おにぎりにしていくではありませんか。

何をするのだろうと見ていると、大きく握った白いおにぎりを父の棺の中にそっと入れてくれたのです。

「旅の途中でお召しあがりください」(スタッフ一同合掌)。

私はそれまで悲しみをなんとかこらえていました。

しかし、そのおにぎりの温かい心配りに、堰を切ったように涙があふれてきました。

こうした対応はマニュアルにはまったく無いはずです。それが実行できるスタッフの心のありように感激しました。ここにお願いして良かった！　つくづく感じた瞬間でした。

父の遺言に従い、家族葬での小さな葬儀でしたが、このH社さんの心憎いばかりの気配りで、思ってもみない立派な野辺送りとなりました。

葬儀であれ、普段の買い物であれ、そこにはお客様の「意味・コト」があります。それをさりげない会話の中から読み取り、すぐに行動に移す。なかなかできることではありません。

それだけ会社の「理念」（誰のためにどうお役に立つのか）がスタッフの皆さんに浸透し、現場で良かれと思ったことはその場の判断でどんどんやってよいという風土があるのだと思いました。


面倒だと思うことを喜んでしてあげること。

これこそが真のホスピタリティと確信できた、素晴らしい葬儀でした。

きっと父は旅の途中で、あの白いご飯のおにぎりを「うまい！　うまい！」とほおばったことでしょう。H社の皆さんに心からの感謝でした。

❖7　その時あなたはどうする

■クリスマスイブにきかせたオーナーの機転

２０１８（平成30）年のクリスマスに起きた、東京下町の門前町にあるモス店でのエピソードです。

毎年クリスマスイブの12月24日、お店はモスチキンを買い求めるお客様でごった返しになります。ほとんどはまとまった数をテイクアウトされるお客様で、ホームパーティーの主役としてテーブルに花を添えます。

「フライドチキン」はクリスマスの定番。

今ではファストフード店のみならず、コンビニやスーパーなど多くの業態でそれぞれ特徴ある品ぞろえをして販売しています。近年、味・価格にそれぞれ工夫を施しており、競争が激しくなっています。

モスのフライドチキンは、米粉の衣を使ってカリカリに揚げ、厳選された醤油をベースとして、胸肉にマリネして味付けした特徴のある味で人気です。ほかには無い、和風の味です。クリスマス（12月24日、25日）は、特別に外売りもします。

下町のそのお店もオーナー自ら先頭に立って外売りを行っていました。クリスマスの雰囲気を演出するために、オーナーはトナカイの着ぐるみを着ていました。

外売りは、店頭にテーブルを用意し、その上に保温器を用意して店内で揚げたモスチキンをそこに保管し、ご注文を受けた数量分をテイクアウト用の小箱に入れて販売します。

夕方のピーク時ともなると保温器の中のチキンは瞬く間に無くなってしまいます。トナカイ姿のオーナーは何度も店内の厨房まで往復して、補充用を取りに行きます。

そんなある瞬間のこと。

カウンターでレジを担当するアルバイトスタッフがお客様とやり取りをしている場面に遭遇しました。

お客様は店内でイートインをされているお子様連れの女性で、スタッフに何やらお願いしている様子です。

「すみません！　私の注文のミスで、こどもがマスタードが苦手なのですが、うっかりハンバーガーからマスタードを抜いてもらうことを忘れました。もう1個新しいものを作っていただけませんか」財布からお金を取り出そうとしています。

「はい！　かしこまりました。マスタード抜きのハンバーガーお一つですね。○○円でございます」

これを見ていたオーナーはすぐさま「ちょっと待って」とスタッフを止め、その女性に言いました。

「お客様、申し訳ありません。お子様とご一緒であることはカウンターで最初に気づいていたはずですので、ご注文をいただいた時に、むしろ私どもからマスタードはどうされるのかお聞きすべきでした」

「これは私どもの配慮不足です。本当にすみません。すぐマスタード抜きでハンバーガーをお作りいたします。今日は楽しいクリスマスイブ、お代は結構です。私どもからのささやかなクリスマスプレゼントにさせてください」

「イブの日にご利用いただき、本当にありがとうございます。どうぞごゆっくりしていってください」

「そんな、そこまで…ありがとうございます。私のミスですのに。ありがとうございます。嬉しいクリスマスイブになりそうです」と女性は恐縮しながらお礼をしていました。

帰り際、その女性のお子様（女の子）は「トナカイさん、ありがとう！」と元気な声で挨拶し、何度も何度も後ろを振り返りながら手を振っていました。

「メリークリスマス！」（オーナーとスタッフ全員）

■感性アンテナの感度を常に磨く

「お店はお客様のためにある」
「ご利用いただくお客様へのお役立ちこそが私たちの使命」

マネージャーは常にその思いを抱き、どうすればお客様に寄り添い、「心の琴線」に触れることができるか、心を巡らせておかなければなりません。感性のアンテナをフル回転させていなければなりません。

そのアンテナが、このような場面に「ちょっと待って！」と信号を送るのです。

マニュアルに沿って淡々と仕事をするのか、それとも瞬間・瞬間に「この場面にどうお役に立てるのか」を考えながら仕事するのか、そしてその場面をどう楽しむのか。

ここが愛され続けるお店になるかどうかの分岐点になります。

お客様との関係性マーケティングがますます重要になります。

その関係性とは、ただ単に「良いモノ（商品）」を提供するだけでのことではありません。

ありきたりのサービスを超えた、「ニクイなー、そこまでやるかー」といった真のホスピタリティが随所にあふれたお店こそが、商圏の狭くなる地域の現場で優位性を維持することができるのです。

「働く人の感性と人柄磨き」

これがこれからの「教育」における重要ポイントです。

トナカイ姿のオーナーはそれを身をもって示し、「教育の場」としました。

そしてお店のスタッフ全員でこのエピソードを共有し、何が大切かを理解し、心に宿したと後日うかがいました。

このケースは、仕事をルールとして覚えるのではなく、感性アンテナの感度を高め、サービスの瞬間のあり方、その大切さを学んだ事例です。

こういう場面はあちこちにチャンス（機会）として存在します。マネージャー、スタッフはこの感性アンテナの感度を常に磨いておかなければなりません。

第5章

職場を活性化させるリーダーの役割

❖1　小さな努力を発見して、大きく褒める

■店舗訪問の目的は「モチベーションアップ」

モスのお店は、国内は北は北海道から南は沖縄まで約１３００店、海外はアジアを中心に８つの国と地域に約４００店展開しています。

私は、モスの現役時代、機会あるごとにこれらのお店を訪問しました。おそらく国内の店舗は70％以上のお店に訪問したことになるかと思います。

ここでは、それらのお店にお伺いした際に、「私流」にどんなモノの見方をしたのか、どうアドバイスしてきたかをご紹介します。現在外食業の店舗指導マネージャー職（モスではスーパーバイザー）にある方やお店の店長職にある方の参考になれば幸いです。

なお、基本的な指導法や指針はそれぞれの会社のマニュアルで示されており、その基本はそれぞれすでに実践済みと思いますので、それになぞったあり方論をここでお話しするつもりはありません。

お店を訪問する目的は、そこで働く店長・スタッフの皆さんの、モチベーションを高めること。そこに「意味」があります。

目的を勘違いしてはいけません。訪問によって現場の元気ややる気を失わせるような指導は、愚の骨頂です。それなら行かないほうがましです。

私は、訪問して店長・スタッフの皆さんの労をねぎらいつつ、ご挨拶した後、真っ先に商品を注文します。金額は常に2000~3000円になります。

その時点から「心の双眼鏡」をフル回転させ、**「美点凝視」**が始まります。

「美点」ですから、あくまで「良いところ、『GOOD』ポイントの発見」になりますが、これは相当神経を集中させないと見えない…ことが多いです。

逆に悪いところ、「BAD」ポイントは、さほど神経を使わなくても発見できます。モノを見る能力のほんの数%で可能であり、誰でも簡単にできます。

それを発見して指摘し、いかにもよく気づくだろう！　とばかりに誇らしげにしている店舗指導マネージャーがいるとすれば、それは本当の意味でお店を良くしようと思っていない、いわば「BAD」なマネージャーです。

モノを見る視点が狭く、訪問の「目的」を勘違いし、自分の立場を誇示しているに過ぎません。

■GOODポイントの発見

話を戻しましょう。

店内では、いかにもチェックしているといったそぶりは避けることです。ましてや周りにはお客様がいらっしゃいます。雰囲気を悪くする、「お目付役」のような態度は絶対に出してはいけません。お客様への最大の心配りを忘れないことです。

「ＧＯＯＤ」ポイントを発見したら、「頭のメモ帳」に記入し、席に着いてから商品が提供されるまでの間にノートに書き写します。

このポイントが複数あると、多くのスタッフのモチベーションアップのきっかけになります。

- 入口においたウェルカムボードに書いてある素敵なメッセージ
- さり気なく窓際に置いてある一輪挿し花瓶の可愛い花
- 丁寧な字で書いてあるＰＯＰ
- 一枚一枚の大葉がよく拭かれている植栽プラント

など、「ＧＯＯＤ」ポイントがどんどん目に飛び込んできます。

そして商品が運ばれてきて試食です。ここでまた「ＧＯＯＤ」ポイント探しを行います。

・**丁寧な仕込み**…このキャベツの千切りはいったいどなたがされたのだろう。

・**よく煮込まれたソース**…コクがあります。これを仕込んだ方は最後まで火加減を調整し、ササっと終えるのではなく、美味しくな〜れと祈りながら、じっくりかき混ぜたことだろう。誰かな？

と店内のスタッフを見やりながら想像します。楽しい時間です。

商品はさすがに試食すれば、「ＢＡＤ」ポイントも口の中でその姿を現します。

私は長い間、商品開発や仕入れを担当していたので、他の人より「舌積《したづ》み生活」が長かったのです。創業者のレベルには到底追いつきませんが、「直伝」を受けてきました。

その経験もあって、マニュアルどおり作ったとしても、微妙な味の違いが見分けられます。経験のなせる業です。

商品づくりには、外してはならない「コツ」があります。

私はそれを「ツボ」と呼んでいます。

モスはご注文をいただいてから手作りしています。創業以来それはかたくなに守っています。

ハンバーガーを組み立てるためのマニュアルはありますが、「ツボ」を心得た作り方とそうでない作り方では微妙に完成度が違います。本来同じでなければならないのですが、技術の差が出ます。

当たり前ですが、おいしくて完成度の高い商品が提供されることのほうが多いです（そうでなければいけません！）。

そして商品を一口。「うまい！」このテリヤキバーガーは誰が作ったのだろう。またまた気になります。

人間探求心が人一倍強い私です。

さらに接客についても「ＧＯＯＤ」ポイントを見ます。

・あの方の笑顔は格別だ
・お客様とのトークのタイミングがいい

それもいっぱい発見します。感じるといったほうが正しいかも知れません。

途中でトイレも覗きます。

・お客様の素敵な空間になっているかどうか

トイレのメンテンスレベルは、全体のメンテンナスのクオリティレベルにほぼ比例します。トイレはとても重要です。特に、女性客はその綺麗さのレベルでお店選択の要素にしています。トイレのチェックは絶対に欠かせません。

■店長へのフィードバック

冒頭に、笑顔で店長の日頃の労をねぎらうことを忘れません。

まず、「GOOD」ポイントを一つずつ挙げていきます。

その時、それを担当したスタッフが誰かを必ずお聞きします。そして、店長からまとめて報告してもらうのではなく、その方を前にして、

「キャベツの千切り、素晴らしいですねー、びっくりしました。繊維に沿って長く細く綺麗に

切ってありますねー。なかなかここまでは…びっくりしました」

「モスバーガーのミートソースよく煮込んでますね。コクがでています。祈りながらかき混ぜましたね（にこやかに）。とっても美味しかったです」

「モスバーガーは、◯◯さんがお作りになられたとか…。上手ですねー。オニオンの量がツボですね。ばっちりです。そのオニオンの量の見た目でミートソースの量が左右されますね。非常にバランスがいいです」

「玄関のウェルカムボード、ほのぼの感のあるメッセージですね。お孫さん、小学校に入学されたのですね。おめでとうございます」

「トイレの一輪挿し、素敵です。あると無いとでは、トイレのおしゃれ感が違いますね。そうですか～。お家のお庭のものですか。気遣いありがとうございます」


などなど、「GOOD」ポイントをそれぞれのスタッフの方々のモチベーションアップに役立てていきます。


「つい見落としがちな、さり気ない、小さな努力を発見して、大きく褒めてあげる」

「しかも具体的に」

この「具体的に」が大切です。ざっくりと「頑張ってますねー」では、おべんちゃらになります。自分のファンづくりと誤解されます。

大事なのは、そのお店のスタッフさんが家に帰った時に、旦那様やお子様に、
「私ね、今日本部の方から褒められたんだー。嬉しかったよー」
「モスでやっててよかったよー」
と報告をしたくなるほど、気持ちを込めて、言葉に愛情を込めて、大きく褒めてあげることです。

「褒められるとはこんなにも気持ちの良いことなのか」そう実感してもらうことが成長のきっかけになると私は思っています。

目の輝きが違って、ウルウルされる方もいます。モチベーションの上がる瞬間に立ち会えるのは、とても幸せなことだと思います。

これは、モスのみならず、外食業に勤めるマネージャー職にとって、仕事冥利に感じるところです。

マネージャー職には、この感動の瞬間の「舞台」がいつも用意されています。

それに気づくかどうかで、その店の良し悪しが決まります。

人手不足で悩む店は、大方、この瞬間を逃しています。

今在籍しているスタッフさんにいかに長く勤めていただけるか、マネージャー職・店長職にある方は、その「コツ」に早く気がつくべきであると思います。

■MOREのプロ技を示す

一方、店舗指導マネージャーは、プロの技を示さなければいけない場面があります。

それは特に「商品」です。これは店長にしっかり指導する点になります。

試食して、「おやッ？」と違和感を感じたら、「もっと美味しい商品づくりを心がけよう！」で指導を終わらせてはいけません（誰でも言えること）。

そうではなく、ご自分の現場での経験、日頃の研究などを駆使して、「このような味になっているのは、おそらく○○が原因ではないか」と、過去の経験を頭の引き出しから引っ張り出し、的確なアドバイスをすることです。

具体的には、
・パンがパサパサする…賞味期限がギリギリか保管状態に問題があるかも

・チキンの焼きが甘い…焼き台のガスバーナーが詰まって温度が低いかも
・つけだれのソースの粘性が低い…周辺温度の高いところに長く置いてあるかも
など、仮説を示してチェックしてもらい、そこに「プロ技」を繰り出すことです。

例えばパンの場合なら、

「11月は空気が乾燥していて、パンのしっとり感も失われがち。この時期は需要予測を厳密に行い、早めに消化すること。欠品を恐れるあまり、多めにオーダーしているかと思いますが、わが社は品質が売り。仕入れも、季節・温度など十分に考え、この時期は部下任せにせず、POSデータを生かしながら、店長の経験を織り交ぜていかに回転を良くするか、自ら心を配って欲しい」

そのうえで、

「乾燥期は比較的雰囲気温度の高いキッチン内にはあまり収納せず、倉庫からこまめに運んでくるようにしたほうがよい」

など、具合的対処方を付け加えます。

ただ単に、「今日のパン、おいしくないねー」(BAD)は誰でも言えることです。

そうではなく、解決の「ノウハウ(こうすると良い)」(MORE)を示すことが重要です。

こうして学びを重ねることによって、店長のモチベーションが高まっていきます。そして「プロ技」の継承が同時にできます。

指導を受けた店長は、

「自分も将来、このようなマネージャーになりたい！」

きっとそう思うことでしょう。

モチベーションの高い店長の後ろには、必ず尊敬されるマネージャーがいます。

そうしたマネージャーは、「ＧＯＯＤ」を大切にして、具体的に褒め、「ＢＡＤ」をいたずらに攻めるのではなく、「ＭＯＲＥ」を駆使して、共に考え、解決の方向を見出してあげています。

これは「心の豊かさ」「人への愛情」がなせる技です。

彼らはどんな場面でも「ＭＯＲＥ」が示せるように、日頃から学習する努力を怠りません。彼らは部下の成長のために学習しているのです。

❖2　心のドメインを教える

■あるコンビニのアルバイト

あるコンビニで働くA君の例をご紹介します。

私は毎朝7時前には出社していたので、自宅を5時45分に出ます。

そのため朝ごはんはほとんどがコンビニか外食になり、週に2〜3度は会社近くの某コンビニを利用していました。


そのコンビニのスタッフはいつも決まってA君。どうやら学生アルバイトと思われます。理系風で頭が良い印象でした。


私の買うものはいつも同じでアンパンと鮭のおにぎり。合計300円弱。

棚からそのアンパンとおにぎりを取り、レジに持っていきます。

そこに無表情で声のトーンも低いA君がいます。「おはようございます」の挨拶もなく、何を

言っているのか分からないこもった言い方で、

「いらっしゃ……２５０円…」

（支払いを済ませると）

「ありがとご……」最後まで聞き取れないくらい低音です。


朝はもっとさわやかな応対をして欲しいものです。

ある時、私の生来のお節介ぐせに火がつきました。腹立たしいどころか、逆にA君が可哀想に思えてきたのです。

「よし！　この子を変えてみよう！」


さっそく翌朝から挑戦が始まりました。

まずは会話のきっかけづくりから。

胸の社章をこれ見よがしにA君に近づけてみたり、ネームプレートを胸ポケットにわざとつけてみたり、「おはよう！」と元気よく言ってみたり。

「あ！　隣りの○○社さんなのですね」とか、「田村さんとおっしゃるんですね」とか、何らかのレスポンスあるのかな？　と思ってトライするも、なかなかA君もしぶとい。

ねばり強く半年続けましたが、まったく変化はありません。むなしい努力に終わりました。私は一層A君が可哀想に思われて仕方がありませんでした

このお店のオーナーさんや店長さんは、A君とどう接したのか考えてみました。

朝早い時間帯に勤務してくれるアルバイトはお店にとって貴重な存在です。一方、A君にとっては仕事への要求（サービスレベル）もさほど高くなく、淡々とレジ業務をこなせばいいという気軽さ。いわばそれだけの都合の良い関係だったように推察しました。

それが必ずしも悪いというわけではありません。

しかし、どうせ仕事をするなら、やりがいを見出し、楽しさとか成長実感を味わえるような仕事をしていただいたらどうかと思うのです。

もしA君が社会に出た時、元気な挨拶や素敵な笑顔をいつでもすぐに出すことができたら、社内・社外問わずにどんなにか可愛がられるでしょうし、仕事もどんどん回ってくるのではないでしょうか。

「信用という財産」を作れるのではないでしょうか。

■お店の成長はスタッフの成長から

私がそのお店のオーナーもしくは店長ならば、たとえアルバイトであっても、何かのご縁で知り合った以上は、作業をしてもらうだけの関係を超えて、人生の先輩として、社会で求められる人材とはどういうものかを教えてあげていたのではないかと思います。

おそらくこう話したことでしょう。

「ウチのお店は、ご来店いただくお客様のお役に立つお店」
「特に朝は、お客様に今日一日の活力を与えてあげるお店でなくてはならない」

「お客様のお役に立つお店」。その本質を徹底的に話してあげたことと思います。

作業の仕方をマニュアルに沿って教えて終わりでは、その趣旨とはほど遠いものになります。

「お役に立つ」ということは、もちろん商品の品揃えもそうですが、それ以上に心地良い応対が大切です。

お客様は感情の生き物です。そこを満足させてあげることが本来の「お役立ち」です。

「今日も頑張ってください。行ってらっしゃいませ！」

そう言って元気に送り出してあげることがわれわれの存在する意味なのです、と。

したがって、どんなお店でもそこのリーダーたる人は、何がしかのご縁があって知り合ったスタッフには、「心のドメイン（領域・ありよう）」を教えてあげることが大切です。「お役立ち」というドメイン。さらにそれが仕事の「やりがい」につながるように導くことが重要だと考えます。

この考え方をアルバイト時代に身につけてすんなり実践できたら、社会に出た時にどれだけ高い評価を受けることでしょう。

そして褒められることはこんなにも気持ち良いことなのかと認識できたら、それが成長の実感です。それはモチベーションアップにつながり、次なる成長のためのエンジンになります。

その意味で、心のドメインを正しく導く、リーダーの役割は重要です。自分の都合で「人を使う」のは損得主義にほかならないと私は思います。

お店の成長はスタッフの成長から、なのです。

❖3 「教育は刺激力」
～刺激の分母を増やす～

■人材の育成がマネージャーの最優先業務

お店の成長とは、スタッフ一人ひとりの成長を前提とした総合力の向上です。おのずとマネージャーの仕事は、スタッフ一人ひとりの成長をどう導くかが重要になります。そのスタッフの「教育」は、問題意識の高いマネージャーにとって大いに頭を悩ませる仕事になります。マネージャー職は、そこから逃れられない宿命を負っているといっても過言ではありません。

会社としては、その重要な仕事を「あなたならきっとやれる！」そう見込んでのマネージャー指名だったと思います。誰でもいいというわけではないはずです。

お店の業績数値を短期で上げるのが得意な人、人を育てるのが得意な人、両方を兼ね揃えれば申し分の無いところですが、そのようなスーパーマネージャーはそう多くいません。

前にも述べたように、「お店の成長はスタッフの成長があってこそ」。私はそう信じています。当然、マネージャーにとっては「人材育成」が最優先業務です。おのずと指導力の高い人がマネージャー職に指名されます。短期で業績を上げた人が必ずしも指導者に指名されるとは限りません。

短期で著しく業績を上げた人は「ポジション」よりもむしろ「禄（お金）」をもって評価されるのが良いと思っています。

人材育成の目的は、短期間で業績を上げる「方法論」に偏って教えることではありません。働くスタッフのモチベーション（やりがい・いきがい）を高め、仕事への「プライド」を持っていただくことです。そして生き生きと働いていただくことです。

従業員一人ひとりの心に仕事への「プライド」が宿ると、お店は見違えるように活性化します。「ニコニコ・ハキハキ・キビキビ」（ＮＨＫ）のあふれたお店になります。

そのお店のオーラをお客様が敏感に感じ取り、「いいお店だ！」と太鼓判を押してくれます。

スタッフの人材育成では、それぞれの性格を踏まえ、想い、感情など、心の部分を読む必要があります。スタッフ一人ひとりの感情に寄り添いながらのアナログ的な取り組みが主になります。

そのうえで、どんな風に導けばその人のモチベーションを高めることができるか…そこがポイントです。

その方法論は決して一つではなく、おそらく何万通りもあります。

しかし、短期間でやろうとすると、手っ取り早く全員を集めてワンウェイのメッセージでレクチャーする「ＯＦＦ　ＪＴ」に頼りがちになります。

「ＯＦＦ　ＪＴ」を全面的に否定するつもりはありませんが、朝礼や業務の確認、連絡事項ならまだしも、「人材育成」ともなるとそうは行きません。

■コミュニケーションの距離を縮める個別面談

私はスタッフ一人ひとりへの個別教育、すなわち「ＯＪＴ」が重要だと思っています。

まずは「個別面談」を優先すべきです。「個別面談」は大事な教育です。

そこで、マネージャーの人となりを知ってもらうこと、同様に個々のスタッフの人となりを知ることから教育はスタートするものと考えています。

マネージャーと個々のスタッフは、共に働いた時間に差があります。それはいみじくも、「コミュニケーションの距離」になります。

長い期間お勤めいただいて、それこそコミュニケーション密度の高いスタッフもおられるでしょう。その方とは何でも言い合える関係にあることでしょう。たとえ厳しいことを言っても、気心が知れていればスレ違いは起きないでしょう。

一方、最近入ったスタッフとは、まだまだコミュニケーションの量が足りていませんから、ちょっと厳しい指摘をしただけですぐに辞めてしまったり、「マネージャーの人柄がよく分からない」と、真意が伝わる前にマネージャーへの恐怖心だけが残るかも知れません。

このように「コミュニケーションの密度」によって、同じ指摘であっても受け止め方に違いが出ます。それが人の心理・感情です。

こうした違いがあるのに、簡単にワンウェイの「ＯＦＦ　ＪＴ」一本やりというのはいかがなものか、ということを申し上げているのです。

マネージャーには、毎日、少しの人数に対して「個別面談」を実施することをお勧めします。短時間でも構いません。最初は「雑談」でよいのです。

まずはコミュニケーションの距離を縮めることが優先です。自分の人柄を知ってもらうことです。もっとも一方的に自分の言いたいことばかり主張するマネージャーは少ないと思いますが…。

その会話の中で、お店（会社）の「使命」、そしてマネージャーとして「どんなお店にしたいのか」、その目指すゴールについても触れて欲しいものです。

こうして、まずは「コミュニケーション距離」をぐっと近づけることです。


「個別面談」で一つ忘れて欲しくないことがあります。

コミュニケーション密度の高いスタッフとは、いきなりお店の問題点から入ることもあると思います。スタッフは真剣にマネージャーの話に耳を傾けることでしょう。逆にコミュニケーション密度の足りないスタッフとは、むしろ聴き手役に回り、相手を知ることに努めましょう。

ここで実は、どちらの場合のスタッフでも、マネージャーの話を聴きながら、一つだけどうしても触れて欲しいものを心に持っています。「触れてくれないかなー」と心で叫んでいることがあります。

それは、「マネージャーは私のことをどう評価しているか」ということです。

どんな内容をどれだけの時間話そうが、マネージャーはそこだけは外さないことが大切です。

個別面談の時は、

・その人の「小さな努力」を発見しておくこと

・褒めてあげること

・感謝を表すこと

が要諦です。

おそらくそれに触れただけで、相手の「モチベーション」は大いに向上し、マネージャーの心配りに対する感謝の念も生まれることでしょう。

■刺激のネタ（分母）を多く持つマネージャーになる

このステップを踏みつつ、「コミュケーションの距離」が縮まるのに合わせ、今度は、さらなる成長のための教育が必要になります。

教育といっても、何から何まで手取り足取り教えてあげることではありません。大事なのは、「気づき」です。「気づき」の機会を与えることです。

人は自らの「気づき」によって、積極的な行動に変わります。

それまでの「教わる」姿勢から「自ら動く」姿勢に変わります。それによって成長実感を味わうことにつながれば、喜びもひとしおです。

成長実感は、お客様やマネージャーに褒められてこそ味わえるものです。スタッフが自らの「気づき」を得るまで、マネージャーは丁寧な指導を心がけることでしょう。そしてひとたび「気づき」を得ると、応用力が芽生え、いちいちマネージャーが指導・指示しなくても自立した行動をするようになります。

その入口の「気づき」をどう感じてもらうか。それはマネージャー職の日頃の努力にかかっています。行動の量といってもいいかも知れません。

私は、「教育とは刺激を与えること」と思っています。

前述したように、スタッフは、勤務経験の期間、性格、能力、家庭環境などそれぞれ異なります。それに対し同じ刺激を与えても、受け止める際のスタッフの反応はみな違ったものになります。

したがって、マネージャーは「個別面談」を経て、そこで感じたそれぞれの課題や勉強したがっているテーマなどの個別のニーズを頭に入れ、A君には、先日聞いた講演会の話を、B子さんには先日読んだこの本を紹介、C君にはあの繁盛店を見るように、といったそれぞれのニーズに必要な「刺激情報」を提供してあげることが「教育」ではないかと私は思います。

そのためにマネージャーは、その「刺激の分母」をたくさん引き出しに持っていなくてはなりません。その「分母」を広げるためには、見る量、感じる量、行動の量を増やす必要があります。それは普段の生活を通じて、例えば電車での移動時間中でも可能です。

移動時間を単なる移動とするか、刺激分母を増やすための「小旅行」と位置づけるか。中刷り広告のデザイン、乗客のファッションなど材料は身近にあります。

また、駅前の本屋さんに足を運び、とりあえず「積ん読」でもいいと思います。異業種の方との交流も多くの刺激を得られます。

大切なことは、あらゆる機会を捉えて積極的に情報を浴びることです。

そして、それぞれのスタッフに合った「刺激ネタ」を見つけることです。「刺激ネタ」がモチベーションアップのためのギアになります。

マネージャーは、「多元ギア」の持ち主になるよう努力することが必要です。

そうしたマネージャーの地道な努力は、スタッフに間違いなく伝わります。

私の成長をこれほどまでに考えてくれている！　そう感謝し、報恩の思いを抱くに違いありません。成長して恩返ししたい、そう思うことでしょう。

マネージャーは、何かのご縁で働いていただいているスタッフの方々に、「お陰様で日本一の職場で働いている、そして楽しい」と言ってもらえ、しかも自己実現の場と実感してもらえる職場づくりが大事です。

マネージャーの学びは義務感や苦痛ではなく、スタッフの成長のためにあります。まさに**マネージャーは、スタッフのための「モチベーションクリエイター」**なのです。その大きな意義を自らも楽しんで取り組んで欲しいものです。そして「尊敬されるリーダー」になって欲しいものです。

素晴らしいお店には、共通して「尊敬されるリーダー」がいます。良いお店は、スタッフから「マネージャーのお陰です」という感謝の言葉がいっぱい聞かれます。

私も、モス創業者から沢山の「刺激」、成長の機会をいただきました。感謝でいっぱいです。「お陰様」でした。

❖4　現象面から「本質」をつかむ

店舗指導マネージャー（外食業によって、スーパーバイザー、エリアマネージャーなど呼称はさまざま）の役割の中で、おそらくどの企業のマニュアルにも記載が無く、しかし、常に意識しておくべき2つの大事な指導ポイントについてお話しします。

■マネージャーの指導ポイント①　問題の本質をつかむ

一つ目のポイントは、「問題の本質」をつかむということです。

店舗指導マネージャーは、お店を訪問し挨拶を済ませた後、さまざまな視点からお店の「GOOD」ポイントや「BAD」ポイントをチェックし、そのフィードバックとともに、一緒に問題解決にあたっていることでしょう。

商品や接客上の今起こっている問題は、目の前のお客様の評判を落としている現象なので、待ったなしです。担当マネージャーも自らキッチンに入り、「OJT」し、すぐ手直し業務をしていることでしょう。宿題にするわけにはいきません。

また、メンテナンス（汚れ）の問題のいくつかは、その場で解決する（綺麗にする）ことができますが、場所によっては、あるいは汚れの大きさによっては営業終了後のメンテナンスタイムにしっかり手を加えることが必要なものがあります。

これについては、やり終える日を店長と決めて、その期日に電話やメールで確認することになります。さらに次回の訪問時に再確認することになります。

ここまでは、一般的な業務マニュアルの範囲です。

しかし、次回訪問すると、前回の指摘事項はクリアになっているものの、別の類似した箇所で同じような問題が起こっている場合があります。

「指摘→その部分は修正→類似問題発生→修正→別の類似問題発生…」と、モグラ叩き状態が続くことがあります。これを繰り返していたのでは、根本的な問題解決にはなりません。

また、一つが良くなっても、また一つ問題が発生します。しかし、それは決して難しい事象ではなく、さっと手を加えればクリアになる問題ばかりです。一歩前進・一歩後退。

これではいつまで経ってもお店は成長しません。

頭の残高が足りていても、心の残高が足りないと…

そこで、「なぜそうなるのか」の原因を追究することになります。

放置はしない。これが大切です。

店長としっかり意見交換することです。たまには場所を変えて一杯やりながら、じっくり話し合うことです。必ずや「問題の本質」が潜んでいます（私の経験より）。

高い目線からの「やりなさい！」のワンウェイではなく、同じ目線で、「何か悩みはないのか」と店長の話を傾聴しつつ、悩みを引き出します。

現象面に次から次へと課題が生まれ、それのモグラ叩きをやっている時は、大概店長が心に何かの問題を抱えている時です。普段はそれを表情には出しませんが、大きくモチベーションが低下している時です。

モチベーションが低下している時は、頭では「当たり前の範囲」が分かっていても、すなわち**「頭の残高」があっても、前向きな行動に駆り立てる「心の残高」が底をついている状態で**

す。

その心の問題を取り除かない限り、この店長の「やる気」は上がらず、引き続き現象面のモグラ叩きを続けることになります。店長自身も鬱々とした日々を繰り返します。

そこで、「心の残高」が底をついた理由をいろいろ尋ねてみます。

私の経験から、掃除の仕方とか営業の仕方とかの方法論が分からないのではなく、大方「人と人との関係」の問題が多いです。

ＦＣのケースでは、オーナーと自分、スタッフからの孤立、家族が非協力的、等々、「凡事徹底・継続」に駆り立てる力を「阻害」するこれら心の要因が必ずや存在します。それが問題の本質です。

苦しい時は、涙ながらに語ってくれます。そして辛い思いを吐き出してもらいます。それが狙いです。

「問題の本質」が分かったところで、打開策を一緒に考えます。

店舗指導マネージャーが間に入って関係を取り持つ場合もありますが、本人の勇気が足りず、自らそこを打破していないケースもあります。

そこは、「そのままでいいのか」と迫り、行動を起こすよう促します。

行動を起こした時、今のままであった時、それぞれのケースがもたらすお店への影響をとくと説明します。

別れるまでに「やってみます！」という言葉を店長から引き出すことが大切です。

そして、あらためてわれわれの「使命」を確認し、この仕事を始めた時のあの熱い心を思い出していただくのです。「いきがい・やりがい」そして、「お客様のお役に立つことの喜び」を思い起こしていただくのです。

店舗指導マネージャーがここに迫らずに、訪問の度に一緒にモグラ叩きをしていたのでは、お互い、仕事への喜びを感じませんし、結果的に、お客様にご迷惑をお掛けすることになります。

「問題の本質に迫り」「本来の姿に戻す」

そのための「勇気」と「自浄力」に火を点けます。

店舗指導マネージャーにとっては神経を使う業務ですが、こういう問題を解決してこそ指導のプロといえます。

目に見えるものだけを指導するのは誰でもできます。

■マネージャーの指導ポイント②　マンネリを打破する

二つ目のポイントは、「マンネリを打破」してあげることです。

現象面は一つ目の問題と類似していますが、店長の目に「ウロコ」がたまっていて、モノが見えていない現象です。私もその病に罹ったことがあります。

例えば、ポスターが日焼けしてしまっていたり、角がはがれていたり、花瓶の花がしおれていたり、ユニフォームが汚れていたり…。目にウロコがたまるとは、それらが気にならなくなる現象を指します。まさにマンネリ現象です。

直営形態で展開しているチェーン本部であれ、ＦＣ方式の本部であれ、組織でお店を展開している会社の大きな役割の一つは、「マンネリ打破」だと思っています。

「マンネリは成長を阻害する」

人も、お店も、会社も、その成長を止める大きな病がマンネリです。

店舗指導するマネージャーの業務マニュアルにも、どこの会社のマニュアルにも「マンネリ打破」とは記されてはいないでしょう。

でも大切な業務であると私は思っています。

どこの組織にも所属せず、自由に経営されている方は、周りから指摘されることも無く、仮にマンネリに陥っても、気がつかず、誰かが気づかせてあげることもないでしょう。結果、自浄のチャンスを失い、時代から取り残されていきます。

一方、チェーン展開している会社には、それなりの店舗指導マネージャーがいて、さまざまな視点からアドバイスをしてくれます。

「マンネリ」に陥った時（本人が気づかず）、それを打破して、独りよがりな経営に陥らないように導いて行くのが組織の役割です。

チェーン組織は、そのマンネリ打破の「技」が、指導項目の魅力でなければなりません。目に見えないソフトのノウハウであると思います。

通り一遍なアドバイスにとどまらず、この「マンネリ打破」の技を店舗指導マネージャーは、「術《すべ》」として身につけて欲しいものです。

この指導は、時には「強い愛情」を発露して、「喝」を入れ、店長の目を見開いてあげることも必要です。その勇気こそが、ブランドを育てていきます。

お店は常にお客様との接点。お店の価値を直に感じていただく場です。
また、お客様の「感性」との競争の場でもあり、いつも「新鮮さ」が求められます。
おべんちゃらやゴマをするような、かつての旧態依然としたメーカーと代理店の関係にあったような、商品さえ仕入れてくれれば良いとする時代ではもはやありません。

狭くなる一方の地域商圏で、愛され続けるお店であるためには、「マンネリ」など許されないのです。雰囲気・居心地の悪いお店は、すぐお客様からそっぽを向かれてしまいます。常に、心地良い緊張感を保ち、日々進歩していかなければなりません。

マンネリ打破の「コツ」を会得することによって、店舗指導マネージャーの指導の幅が格段に広まります。

経営や運営を左右する「心のあり方」（本質）に指導のメスを入れることができる店舗指導マネージャーこそ、本当に指導力の高い立派なプロだと思います。

その指導力によってお店の「モチベーション」が向上した時、店舗指導マネージャー冥利に尽きる喜びを得ることでしょう。

絶対に戒めるべきことは、店舗指導マネージャー自らが「マンネリ」に陥らないことです。

第6章

地域で愛され続ける外食店の共通点

❖1　マネージャーが謙虚で素直で向上心にあふれている

■繁盛店のマネージャーの共通点

私は、長い間、モスのみならず、多くの外食店を見てきました。マネージャーから直接お話も伺いました。

そこで繁盛店のマネージャーには共通する点があることに気づきました（見方・感じ方は人それぞれです。これはあくまでも私の見立てです）。

とにかく明るい。
謙虚で素直で向上心にあふれている。
挨拶や立ち振る舞いに見本としての自覚がある。
好奇心が強く、勉強熱心。

繁盛している外食店のマネージャーにその秘訣を問うと、

「いやーまだまだです。お気づきの点がありましたら、何でもおっしゃってください」

「参考になるお店があったらぜひ教えてください！　すぐ見に行きます」

そう謙虚に返ってきます。

「問題は内（内部）にあり」、と常に足元を見つめています。


埼玉県のあるお店のマネージャーに、「沖縄にいい店ありますよ」とさりげなくお伝えしましたら、さっそく翌週の休みに沖縄まで日帰りで行き、「勉強になりました！」とご報告いただきました。その行動力にびっくりしました。


向上心のあるマネージャーの行動力には本当に感心させられます。

よく観察していると、お店の中では、そのマネージャーが一番元気に振る舞っています。挨拶も笑顔も、皆の「見本」であることを自覚しています。

自ら見本を示すことで、自分が創りたいお店の姿をスタッフに伝えています。

そして、それぞれのスタッフの動きをよく観ています。気になる時は、そっと一言のアドバイスを欠かしません。しかも笑顔で。


一方、今ひとつパッとしない外食店のマネージャーは、

「いろいろ取り組んでいるのですがねー。競合も多くて、人出不足もあって…大変です」と、大概外的要因や「販促」などの手法の良し悪しに原因を求めます。

スタッフの「一挙手一投足」（笑顔、挨拶、立ち振る舞い）もあまり気にしません。指導もしないので、マネージャーがどんなお店にしたいのか見えてきません。どこを強み（特色）とするのかスタッフも理解していません。ただ黙々と「作業」をしているだけです。

繁盛店になるかならないかは、この差が大きいようです。

マネージャーとして、**「使命感」で仕事をするのか、「義務感」で仕事をするのか。**

会社の売上目標数字を優先する意識か、その前に、お客様にご満足いただこうとする意識か、この「心のありよう」が大きな違いになります。

私も店長時代に味わった苦い経験から、その意識の大切さを学びました（そのことは第1章3でご紹介しました）。

そこでお伝えしたことの繰り返しになりますが、「押しつけ」ではなく「サジェスト（さりげなくお客様に喜んでもらえそうなものをお薦めする）」で売上につなげる風土が大事。

そのための必須要件が、お店の見本である店長の「品格」（アピアランス、挨拶、笑顔、振る舞い）なのです。

❖2　コミュニケーションでチームワークが良い

繁盛店のマネージャーは、働きやすい職場づくりに心を配っています。そのためコミュニケーションの密度がとても高いのが特徴です。コミュニケーションこそ良いチームワークの土台と受け止めており、しょっちゅう雑談の機会を設けています。雑談を通じて心を合わせ、同じ情熱を持つチームとして機能しています。一方、仕組みも工夫しています。

■スタッフの心と心を結ぶノート

都内のあるお店では、スタッフ同士が『ありがとうノート』を活用しています。

「Aさんが、仕込みをここまでやってくださったお陰で、ピークタイムに製造に集中できました。ありがとう！」

「Bさんが、毎朝ご来店されるシニアのお客様Tさんのお顔（お髭）の特徴や、ソイラテエスプレッソ少な目がご希望のことを書いてくれていたので、私から『エスプレッソ少な目ですよね』とお聞きしたら、びっくりされていました。ありがとうございました」

特に、開店から昼の時間を担当する「早番」と夕方からラストまでを担当する「遅番」は、普段なかなか顔を合わせる機会がありません。

遅番は翌朝の早番のために申し送り事項がいっぱいあります。

メンテナンスも早番の方に負担が掛からないように、キチンとやり遂げます。

そして、朝の作業が混乱しないように食材の準備をしておかなければなりません。平日、土曜・日曜ではその量が違います。

遅番の方は、「ここまで用意してあげよう！」と早番のことを考え、しっかり準備します。**「次工程はお客様」**の意識です。

それを『ありがとうノート』に書き込むのです。

早番は、そのノートにレスポンスします。
「遅番さん！　準備をしっかりしていただいたので、朝の準備がスムーズでした。　助かりました。　いつもありがとう！」

このノートはスタッフの心と心を結ぶ懸け橋です。そしてお客様の好みを全員で共有し、接客に活かすための大事な情報ノートです。
マネージャーもそのノートに必ず目を通し、サインをします。もちろん、感謝のひと言も添えます。「ありがとう、お陰様！」と。

この『ありがとうノート』のお陰で、お店のチームワークが格段に向上しているようです。
ノートには、「○○さんありがとう！」「○○さんのお陰です！」というコメントがあちこちに書かれています。

先輩スタッフが後輩に教えることもコミュニケーションです。それによりチームワークを向上させます。

■教え合うことが最高のコミュニケーション

これも同じお店の事例ですが、マネージャーばかりが教育担当ではなく、スタッフも教育担当です。例えば、

入ったばかりの新人さんを担当するのは、スタッフＡさん
中級レベルを担当するのは、スタッフＢさん
上級レベルは、ベテランスタッフのＣさん

など、きちんと役割が決まっているようです。

この**「教え、教わり合う関係」は、とても良いチームワーク形成になる**ようです。

良い店は、製造や販売などの技術、そしてお客様への対応力も教え合っています。先輩やベテランのノウハウが継承され、お店にそれが共有され、蓄積されていきます。教え合いを通じて、スタッフ同士の心が通い合います。呼吸感が良くなります。教え合うことは、最高のコミュニケーションです。

レクリエーションや飲み会だけがチームワークづくりではありません。教え合う環境があれば

チームワームは良くなります。

❖3　スタッフ一人ひとりのモチベーションが高い

繁盛店には独特の活気があります。うるさいのではなく、気持ち良くラリーが続く卓球のようにスタッフの笑顔と声が弾んでいます。リズミカルにさえ感じます。

オーダーが入るとタイミング良く呼応します。それがまた小気味いいのです。彼らは仕事を楽しんでいます。その楽しさをお客様にお裾分けしているようです。

そのようなお店は、スタッフ一人ひとりのモチベーションの高さがうかがえます。モチベーションとは「いきがい・やりがい」だと思います。

■「やって当たり前」の範囲が広い

お店の「使命」と「仕事をする意味」がしっかり心に落ちているのでしょう。その「心の残高」がいつも満タンです。

お客様に喜んでいただくことが自分たちの喜びであることをしっかり心に刻んでいます。この納得の「お役立ちマインド」の状態にある時、ＱＳＣ（モスではＨＤＣ）へのこだわりが高いレベルで発揮されます。

ＱＳＣ（モスではＨＤＣ）がマニュアルの範囲にとどまらず、チームとしての「当たり前の範囲」がとても広いのです。

「えーここまでやるのー！」と驚かされるほど、随所にその精神が行き渡っています。

テーブルにこんなメッセージが置いてあるセルフサービスの外食店もありました。

「小さいお子様は散らかして当たり前です。私たちが片づけますから、そのままにしておいてください。気にせず、いっぱい楽しんでいってください」

また、店舗の外周に綺麗なお花を植えて、素敵なラウンドスケープにしているお店もあります。四季折々の花を絶やさず育てています。

お花の手入れは大変です。でも、「お客様の目を楽しませてあげたい！」「日本の四季をお子様に感じさせてあげたい！」その思いで、スタッフ自らも楽しんで取り組んでいるのです。

まさに「喜んでもらいたい！」の思いが行動に駆り立てるのです。


やればお金になる、そういう損得勘定ではありません。あくまで自主的に行っています。

そういうお店は、マネージャーに対して「こうしてみたい、あれしてみたい」そういう提案がしょっちゅうあるのでしょう。

マネージャーもそれを「許容」する懐の広さがあるのでしょう。

「あれしちゃいけない、これしちゃいけない」といった制限は持たず、スタッフを信じて、お客様を喜ばせてあげたいと思う「善の動機」を生かそうとしているに違いありません。


チェーン店に加盟しているお店の場合は、そうはいっても制限されるものがあるので、例えば、いくらアイデアがあっても、勝手に商品をメニュー化して販売はできません（本部へ提案はできます）。

マネージャーは、それ以外のあくまでお客様接点のところで、お喜びいただけることはどんどんやってもらう風土を作っています。それが当たり前の範囲を広くしています。

意欲店は、自ら重箱の隅を積極的につつきます。ですからお店の外周りから店内の隅々まで綺麗です。

外部（チェーン店なら本部指導員）からチェックされる前に、自浄作業が行われています。

■マネージャーはモチベーションクリエイター

素敵なお店は業界関係者の見学が絶えません。遠くからも、また他の業態の方もいらっしゃいます。

沢山の視線がスタッフに、そしてお店の隅々に注がれます。

実は、それがまたモチベーションを上げることになるのです。

お店がライブやミュージカルの舞台と化しています。スタッフはその俳優さんです。

注目を浴びることもまた、モチベーションを押し上げる要因となります。

気がつけば、どのスタッフも見学者の方に、謙虚ながらも、堂々とお店の取り組みについて話されています。

マネージャーがどういうお店にしたいのか、そのためにどこを外してはならないポイントとしているのか、迷いなくはっきりと話してくれます。

このようにモチベーションの高さを実感すると同時に、マネージャーの日頃のコミュニケーション密度の濃さがうかがえます。

まさにマネージャーがスタッフのための「モチベーションクリエイター」になっています。

外食店は、マネージャー（店長）によって、売上が上下します。チェーン店の場合、商品もシステムも同じはずですが、本当に不思議です。

それだけに、マネージャーの人事異動・配置は神経を使います。

優秀な人材は「商売人」です。「商人魂《あきんど》」があります。

周りの人を上手に巻き込み、チームを盛り立てていきます。ネガティブ（消極的・批判的）な発言はほとんどありません。

そこが商いの「コツ」です。まさに「モチベーションクリエイター」です。

その「商売人」こそが、マネージャー向きです。

外食企業の人材配置は、現場マネージャーを最優先にして社内選抜をすべきと思います。

お客様接点の現場こそが、ブランド形成を最も左右する場です。そこにこそ、トップの代理としての「商売人」を配置すべきと考えるからです。

その意味で、人材発掘業である人事担当者の役割は重要です。人事担当者は「モチベーションクリエイター」を配置するプロでなくてはなりません。

❖4　スタッフが腕（技量）を磨いている

前節では、素敵なお店（意欲店）は、モチベーションが高く、チームワークが良いことをご紹介しました。

ここでは、その点を前提としてお話しします。それは、最高の商品を提供するための技量磨きについてです。

外食店は「商品が命」です。

その命が枯れていたのでは何にもなりません。繁盛店など、ほど遠い夢物語になります。

・商品をもっとおいしく作るにはどうしたらよいか
・外してはならない商品の「ツボ」はどこか

意欲店は日夜その勉強に余念がありません。

■義務感ではなく「お役に立ちたい」という使命感

モスの場合も同様です。

同じマニュアルで作っているにもかかわらず、スタッフの技量によって、どことなく「味」が違うのです。不思議です。

モスのハンバーガー類はほとんど「手作り」です。使用材料の量目はすべてマニュアルで規定されていますが、ただ、機械で作っているわけではなく「手作り」ですから、ある程度の「許容範囲」内で作っています。

しかし、「許容範囲」の差は極めて「近似値」でなくてはなりません。

それを実現するためには、マネージャーによる「ＯＪＴ」がメインになりますが、それを見本にそれぞれのスタッフも腕を磨かなければなりません。

意欲店は、その技磨きに積極的です。

例えば、「モスバーガー」（商品名）。ボリュームがあり、野菜がふんだんに入っているミートソース味のバーガーです。

この商品は、ボリューム感を維持するために、どんなに忙しくても、玉ねぎのみじん切りの量を、決められた量で綺麗に、しかもスピードアップでパティの上に乗せなくてはなりません。それが「ツボ」です。

ゆっくり作るならまだしも、ピークタイムには、それを瞬時にやってのけなくてはなりません。

この玉ねぎのみじん切りの「見た目」の量に左右され、蔽いかぶせるようにかけるミートソースの量が影響を受けます。これをバランスよく綺麗に組み立てるには、職人技が必要になります。ほかに無いモスの強みでありますが、弱みでもあります。

その弱みを克服するために、それぞれが見えないところで個別に努力を行っています。

例えば、あるお店のスタッフは、自宅で玉ねぎのみじん切りを小バットに入れ、手のひらにパティサイズの板を用意し、その上に適量のみじん切りをスプーンですくって乗せる練習を何度もしたそうです。徐々にスピードアップさせながら。

また、ある店のスタッフはハンバーガーを内袋（バーガーラップ）に綺麗に包む作業が苦手で、それを克服するために、やはり自宅で、綺麗な「たわし」を仮想のバーガーに見立て、パーチメントを買ってきてバーガーラップのようなものを作り、何度も何度も包み方を練習したそうです。

モスに限らず、前向きにお仕事をされている方は、これほどまでに見えないところで技量磨きをしているのです。

もちろんそれは「義務感」ではなく、早く「お役に立ちたい」という「使命感」からくるものです。

おそらく、その努力は自身の成長となって、マネージャーやベテランスタッフの目に留まった時、その隠れた小さな努力を認め、褒めてあげる風土が存在することは想像に難くありません。

その技量磨きによって、お客様から「これすごくうまいねー」と絶賛いただいた時は、その陰の努力が本当に報われることでしょう。

そしてますます「技量磨き」に意義を見出し、頑張ることでしょう。

第7章

競争に負けない外食業のマーケティング

❖1 競争の定義の見直し
～「コストの負担者」を理解する～

外食店を取り巻く環境が一段と厳しさを増してきました。

局地戦の様相を呈しています。しかも業態を超えてクロスオーバーな戦いです。

例えば、コンビニエンスストアは、ドミナント方式で集中出店し、マーケットシェア占有を進めてきましたが、すでに市場はオーバーストア気味。自社競合も現実化し、環境は並々ならぬ状況を呈しています。ここに来て、大手コンビニチェーンのＳ社による１０００店舗の撤退情報もありました。

この状況は、もはや競争が出店競争やシェア競争のステージではないということを示唆しています。

外食企業であれ、中食企業であれ、この変化を見て、競争の「定義」を見直さなければならない時期に来ていると思います。

■お店は何のために存在しているのか

私は今、「魅力づくり、お役立ち競争」の時代だ！　と思っています。

競合が多くなる中で、人口減少に歯止めがかからず、商圏はどんどん狭くなる一方です。その狭くなる商圏で長く愛され続けていくためには、今一度、「私たちは、何のために存在しているのか」、その原点に立ち返る必要があります。

それぞれに表現は異なりますが、

「お店はお客様のためにある」（モス創業者・櫻田慧氏）

私は、これが最も端的にわれわれの存在意義を表していると思っています。

私たちは、お客様に幸せ感を味わっていただくための、元気な「しもべ」といえます。私たちの生活を支えていただいているのも、お客様にほかなりません。お客様は、私たちの給料、お店の家賃、水道光熱費、ユニフォーム代など、ありとあらゆるコストをご負担いただいています。

そのことをしっかり理解する必要があります。

私は、この時代、お客様自身も、自分は「お店のコストの負担者」であることを十分ご理解されているものと思います。

見方を変えれば、コストの負担は、お客様からすれば、「投資」でもあると思います。「投資」意識があるならば、当然「リターン」を期待します。「投資」に見合う、あるいはそれ以上のサービスを期待します。

どこの会社（お店）がそのリターン（商品、サービス）をしっかり返してくれるところなのか、それを探していると思います。そのことが、厳しい選択にさらされている理由の一つだと思います。

■お客様は「情緒的価値」を求めている

お客様の期待にもさまざまな「期待」があろうかと思いますが、私は、特に「**情緒的価値**」を求めているのではないかと推察します。

私もお客様の一人として思うことは、「もっとお客様（自分）のことを意識して欲しい」ということです。自分の顔を覚えて欲しいと思います。

「普通名詞」の「お客様」という大勢のくくりの一人ではなく、田村さん！ とか、いつもコレが好みの白髪のおじさんとか、「固有名詞」で受け止めていただけたら嬉しいな、と思います。

いつ行っても、同じ内容のテープレコーダーのような対応のお店が少なくありません。

例えば、私が週に2～3度、朝に利用しているカフェがあります。

いつも決まって「ソイラテ、エスプレッソ少な目」をオーダーします。もちろん、早番スタッフのお顔を私は知っています。

でも相手はいつも同じ言葉での対応です。

「『いつものですね！』とか言って欲しいなー」

「そろそろ私の好みを覚えてよ」

「私ね、あなたのお給料の一部を負担させてもらってる人だよ」

そう言いたくなります。

毎回同じメニューをオーダーしているのに、いつも「何になさいますか」ではまったく心を感じません。

このカフェに限らず、お店に対してそう感じているお客様は私だけではないように思います。

特にシニアのお客様は、「情緒的価値」を求めています。

シニア層は、あまりあちこちのお店を移動したいとは思っていません。腰を落ち着かせるところを探しています。

ひとたび居場所の良いお店を発見すると、浮気せずにずっと通ってきていただけます。その代わり、自分のことを「意識」してもらうことを求めています。

「〇〇さん、今日はお一人ですか？　奥様はご一緒ではないのですか」

「いつものアレでいいですかー」

など、心の琴線に触れて欲しいのです。

今や、シニア層を中心に、「固定客になりたがっている時代」なのだと思います。

そのお店のお馴染みさんの一人になりたいのです。

販促でお金を使い、ＰＲして客数アップ策を講じなくても、「常連になりたい！」と思っているお客様がいるのです（「固定客になりたいシニア層」…第3章4を参照）。

■繁盛店は「コスト負担のリターン」を行っている

チェーン店ではなく、路地裏の小さな居酒屋さんで繁盛しているお店がいくつもあります。私がよく利用する小料理店もその一つです。女将さんひとりで切り盛りしていて、場所も決してわかりやすいとはいえないところにあります。

たった8席だけのカウンターのお店ですが、2か月先まで予約でいっぱいです。利用客の中心はやはりシニア層です。女将さんの季節感のある手作り料理がとってもおいしいうえに、一人ひとりのお客様のことをよく覚えていらっしゃいます。

マニュアルではないのです。

個別にお客様のことを意識して、さり気ない言葉をかけてくれます。

それが実に気持ちよく、心が射抜かれます。

これこそが**「コスト負担へのリターン」**です。

狭い商圏での競争は、もはや路地裏の居酒屋さん、小料理屋さんにまで及んでいます。まさに「魅力づくり、お役立ち」競争です。

「コストの負担者」はその魅力が一番高いお店はどこか、鋭い感性で探しています。まさにお店は、お客様の感性との闘いです。

「お店のコストの負担者は誰?」

その問いに明確な答えを持って、絶品を提供し、個別対応(固有名詞)しているところにお客様は足を運びます。

地域商圏全体がレッドオーシャンでも、その「コツ」が分かればブルーオーシャンスポットは創れます。小資本でも大資本に十分に対抗できます。売上高の競争ではありません。

そこが、外食業の面白いところかと思います。

❖2　「変化対応力」のポイント

■お客様はいつも新しい提案を求めている

前節でも触れましたが、外食業の競争は激しさを増すばかりです。

地域商圏はどんどん狭くなっており、気が付くと、生活圏の中にさまざまなブランドの外食店やコンビニなどが出店しています。そこに個人飲食店が個性を発揮して参入し、新しい提案をどんどん行っています。

外食業は、知恵さえあれば比較的参入が容易な業種です。知恵によっては、レッドオーシャンの商圏に中に、独自のブルーオーシャンスポットが創れます。無限の知恵は、同質化競争から距離を置くことができます。それが外食業の魅力でもあります。

それでも提案力が優れていなければ、そうたやすく自店の存在を認めてもらうことはできません。

お客様にとって、お店の選択肢が広くなるのは魅力です。そして常に、新しい提案を求めています。それへの対応が、競争を激しいものにしています。

いかに顧客のニーズを先取りするかです。

最近は、個人経営者が独自の提案力で従来の業態カテゴリーでは分類しにくい、ユニークなお店も誕生させています。外食業、個人店、まさに入り乱れての「魅力提案力」競争の時代です。

提案がお客様に受け止められ、地域に根付くお店もあれば、開店してあっという間に消えていく店も数多くあります。

若い世代のお客様を中心に利用動機が多様化しており、固定客として一つのお店に長く通うといった傾向が減少しつつあります。

そうならないようにと、どの外食業も「変化対応力」競争に躍起です。

歴史ある老舗のお店でも、時代の変化に合わせて新しい提案をしていかないと、それこそ「昔の名前で出ています」状態になり、次第に忘れられてしまいます。

競争とは、既存のお店の有効性を無効にする戦略にほかなりません。そうして、お互いに競争優位性を一歩でも高めていくのです。それが現状です。

その厳しい現状を生き抜くためには「変化対応力」が必要です。

最も大切なポイントは、外食店の核となる「商品」の変化対応です。

■商品の変化対応①――現定番商品のブラッシュアップ

「商品」の変化対応の方向性は2つあります。

1つは、これまで「定番」として愛されてきた商品を徹底的にブラッシュアップすることです。

商品には、人の一生と同じように「寿命」があります。それがプロダクトライフサイクルといわれるものです。

「定番」は今までブランドを作ってきた、お店にとって「命の商品」です。強みだったその商品をさらに「強み」にして、できるだけ寿命を延ばしたいものです。

時代の変化とともに顧客層も変化し、好みも微妙に変化していきます。

主要顧客層の変化（好みの傾向）を売れ筋商品のPOSデータやモニタリングから把握し、今までの「味の（定番）らしさ」を失うことなく、微妙な調整を図っていくことが大切です。

もちろん品質アップが目的ですが、それに**「付加価値」を添えること**も求められます。

「付加価値」とは、新たな食べ方とか楽しみ方のシーンの提案、いわゆる「コト」消費です。

とかく売上が減少すると、慌てて新商品開発に走り、「新モノ」のみを追いかけるきらいがあります。

それを否定するわけではありませんが、気がついたらメニューの山となっていて、逆に、お客様もどれを選択したらよいかわからず、混乱を与えてしまいます

店内はあちこち新商品のＰＯＰでいっぱいになります。本社（本部）の焦りをそこから垣間見ることができます。

お客様がそのお店を選択する理由は、「定番」の購入がメインであることが多いです。したがって「命の定番」で裏切らないことが大切です。

前述したように、「定番」は進化し続けなければなりません。それは、ボリュームかも知れませんし、提供方法や微妙な味の面かも知れません。

「定番」といってもいつまでもまったく同じではないはずです。時代の変化、客層の変化に合った味に進化していかなければなりません。

創業以来、変わらぬ味をかたくなに維持している老舗もありますが、それでも微妙に改善を加えていると聞きます。その理由は、客層の変化にあるといいます。

やはり、その時代時代の「お客様は誰か」によって「変化対応」が求められるのです。

そのお客様の変化を見据え、いたずらに新商品を連発する前に、「定番」のブラッシュアップ

に真剣に取り組むことをお勧めします。

私がモスの商品開発担当をしていた時代もまさにここ（定番のブラッシュアップ）を優先していました。

お客様はどう変化しているのか、常にアンテナの感度を上げ、パティ（お肉）の素材やソースの仕様材料の見直しなど、「定番商品」のブラッシュアップを強化していました。

パティは創業時、ビーフとポークの合挽きでしたが、今はビーフ１００％です。

テリヤキバーガーやモスバーガーはモスの「超定番」商品ですが、それでも創業期の味とは大分変化・進化しています。

それによって商品の「寿命」、すなわちプロダクトライフサイクルを延ばし続けています。

商品磨きの累積経験を重ねることで、姿形は他社と似ていても、差別化された、他の追随を許さない、ノウハウの濃い商品に仕上がります。

その累積経験によって、モスバーガーもテリヤキバーガーも誕生から47年経った今でも、超定番の人気商品です。

■商品の変化対応②──新定番商品の創造

「商品」の変化対応のもう1つの方向性は、「新定番」の「絶品」を創り出すことです。

これにはマーケットへの「刺激」が必要です。そのためには「お客様は誰か」、そのターゲティングが大切です。

つまり、「新たな客層」を開拓することです。別の視点で見れば、これまで「非顧客層」であった方にご来店いただくことです。

まさに「新定番開発」は「顧客開発」にほかなりません。

私は商品開発担当時代、「定番」磨きを優先しながらも、「新規顧客開発」にも取り組みました。

１９８７（昭和62）年当時手掛けた「モスホットドッグ」や「モスライスバーガー」がそれです。

当時、モスの主な客層は、18歳から35歳くらいまでの独身女性が中心でした。

しかし、世の中の変化に伴い、ライフスタイルやライフサイクルに変化が現れ、熱烈なモスファンの独身女性層が次第に結婚期そして出産期を迎えていきました。

そこで今度はファミリー層が重要なターゲティング層になっていきました。

ところが、せっかくファミリーでご来店いただいた時に、お父さんや祖父母の方が好んで選べる商品の選択肢が少ない。そこで新たなターゲット層の「対応商品」を考えました。

当時は、中高年齢者層はモスの「非顧客層」でした。特に「モスライスバーガー」はそれに対応するうえで大きな意義をもつものでした。

若者へのお米のフィンガーフード化の提案がメインではありましたが、「非顧客層」である中高年齢者層への「新しい価値提案」も視野にありました。

マーケット環境としても、価格競争が激しさを増し、それへの対抗、そして米余り、米離れという社会現象への対策も課題でした。

「モスライスバーガー」の開発秘話は第8章5で触れますので、ここでは、「新定番」の「絶品開発」の意義について触れるにとどめます。

競争に打ち勝つためには「変化対応力」の向上が求められること。

特に、重要度の高い「定番のブラッシュアップ」を優先し、そのうえで、「新定番開発」＝「新規顧客の開拓」を行うことについてお話しさせていただきました。

蛇足になりますが、これらの「商品政策」には、味を見極める力や食材に対する目利きが求められます。特に、これらの分野を担当するマネージャーは日頃から一流の「食」に触れ、「ベロ（舌）メーター」を鍛えておく必要があります。その基準を上げておくことが大切です。そのためには、プロの職人さんと親しくなり、その職人さんの繰り出す味づくりの「技」について謙虚に質問して、教えてもらうことも必要でしょう。

一流のお店で食し「ベロ」を鍛えるのは、優れた判断力を養うための自己投資です。前述のように、私はこれを勝手に「舌積《したづ》み生活」と呼んでいます。

■顧客との関係性で優位に立つ

局地戦の競争に打ち勝ちためには、これらの「商品政策」だけでは不十分なことは言うまでもありません。

お客様との「関係性・接点」でのホスピタリティのあり方もとても大切です。「情緒的価値への対応」です。

その顧客関係性においても「競争優位」に立たなければなりません。

これからは「人柄の価値磨き」が「教育」になります。人による「心配り、気配り、目配り」が価値となる、すなわち**「お人柄が価値になる時代」**であると思います。

「商品」の価値については、会社・チェーン本部が担うことが多いですが、「情緒的価値」に対応するお店のスタッフを育てるのは、現場マネージャーの大きな役割です。

マネージャーは同業のチェーン店に学ぶだけでなく、近隣の路地裏繁盛店を覗いてみることも、「お客様の変化」を知り、自店の強み・弱みを知るうえで必要なことではないでしょうか。

そこで偶然、最近自店にお見えにならなくなったお客様と出会うこともあります。

その路地裏店の魅力を学び、自店の課題（競争力）を発見することも重要です。

❖3 モスのブルーオーシャン〝風〟戦略

ブルーオーシャン戦略とは、今までに存在しなかった新しいマーケットを創り出すことで、新しい領域での事業を可能とする戦略です。新しいマーケットや領域を創出すれば、そこには競合が無く独自のポジションを確保できます。

一方、ブルーオーシャン戦略と対立する概念に、レッドオーシャンがあります。

レッドオーシャンとは、競合企業同士が熾烈な競争を展開しているマーケットで、パイの奪い合いが激しい、血みどろな戦いの渦中にある領域です。ここは、同質化も進みやすく、価格競争に陥りやすい領域です。

１９７２（昭和47）年、モスは経営資源（資金、ノウハウ、人材、情報）がほとんど無い中で創業しました。

一方、前年に銀座の一等地にオープンしたマクドナルドは、すでにアメリカの巨大企業であり、日本のＦ商店との合弁で立ち上げました。

マクドナルドには経営資源が整っていました。その量・質を後ろ盾に最もおいしいマーケットで展開することができました。

当時は、大卒が外食業を就職先として見向きもしなった時代でした。そのような中でマクドナルドは厚遇を提示し、大学生の大量採用を行って人材を集めました。そして豊富な経営資源をバックに、一等地に直営店を積極的に出店していきました。

■路地裏こそがブルーオーシャン

モス創業者の櫻田慧は、マクドナルドの日本進出を見て、「日本もこれから外食が身近になる時代がやってくる」と触発されました。それがモス創業のきっかけになりました。

経営資源の乏しいモスは、ノウハウを自ら創造していくしかありませんでした。創業者は、日本のマーケットをつぶさに見て回り、日本における繁盛店の特徴を発見しました。その繁盛店は、路地裏にありました。必ずしも一等地だけではなかったのです。路地裏の繁盛店の共通点は、抜群においしいこと。そして店主や女将さんのお人柄が接客に生かされていたことでした。

決してマニュアルではなかったのです。

日本人の舌を唸らせる、抜群においしいハンバーガーを作れば、場所が悪くともきっとお客様は足を運んでくれる。日本的なハンバーガーショップが創れる。

そう仮説を立てました。

知恵を絞り、おいしいハンバーガーづくりに情熱を注ぎました。

その結果生まれたのが、モスバーガーやテリヤキバーガーでした。

バンズもパティもソースも日本人の舌に合った、とても工夫されたものでした。和風テイストです。


特徴ある和風味バーガーを商品として、路地裏の家賃の安い場所に出店しました。

お金が無かったので、**「おいしさを最大の武器」**にしてフランチャイズ方式で出店していきました。次第に脱サラの方を中心に、投資の可能な事業として広まっていきます。


出店場所の路地裏の物件は、改装費も安く済み、日本にはこのような路地裏物件が多数存在していました。すなわち、チェーン展開が可能であるということです。

実は、そこが**ブルーオーシャン**でした。

地元の生業飲食店を除き、同業もしくは類似の業態は出店していません。

外資系の他のファストフードの日本進出や民族資本で新たなファストフードの立ち上げもありましたが、ほとんどがマクドナルドの亜流で、出店場所も類似していました。

やがてそちらはレッドオーシャン化し、価格競争の渦に巻き込まれ、体力の無いところは、マーケットから駆逐されていきました。

逆にモスはお金が無かったことが奏功して、路地裏で独自のマーケットを開拓し、独特の販売方法（注文を受けてから作る）で新たな領域を創造していきました。

そこでは独自のプライスを維持でき、価格競争とは距離を置くことができます。

知恵を絞って創り上げた「商品（絶品）」が、のちのちまで独自のマーケットで競争優位に立つことができました。それが評判を生み、ブランドになっていきました。

モス創業当時、ブルーオーシャン戦略なる理論はまだありませんでした（と記憶しています）。たまたま経営資源に乏しいことから、知恵を絞り、体を人一倍使い、ひたすら、ひたむきにお客様の満足を考え、それを実践した結果が新市場開拓となりました。いわば結果的な「差別化」です。

その意味で、ブルーオーシャン〝風〟戦略と、私が勝手に名付けています。

創業者は、立ち上げ当時から、

「金の無い者、知恵と身体を使う」

と話されていました。

外食業は、知恵を働かせ、体をフル稼働させれば、大資本に抗する、立派なブランドを創り上げることができます、そうしたダイナミズム・夢のある仕事だと確信しています。

❖4　価値創造の「マイチャネル」で直《じか》に価値を伝える

商品（創造した絶品）をどういう場で販売するかを決めることは、マーケティング戦略上、とても重要です。その売場を「チャネル」といいます。

チャネルとは「ブランドの価値をお客様にきちんと伝える流通システム」のこと。

チャネルには大きく、オープンチャネルとクローズドチャネルの２つがあります。

・**オープンチャネル**　：売れるところならばどこでも売る。問屋流通に多く見られる。同質化・価格競争に巻き込まれやすい。

・**クローズドチャネル**：自分が品質の責任を持てるところでしか売らない。お客様に「じか」に価値を伝える「マイチャネル」。モスの形態。

（三浦功中央経済社より）『地域絶品づくりのマーケティング』

■独自のＦＶＣ方式で出来立ての価値を提供

モスはクローズドチャネル（マイチャネル）を選択しています。商品に強いこだわりを持つだけに、どんな場で販売してもよいというわけではありません。商品の価値をお客様にしっかりお伝えできる売場でなくてはなりません。

モスは「リアル店舗（実店舗）」でそれを実現しています。出来合いのものを物販しているのではなく、お客様からご注文をいただいてから店舗で一つひとつ手づくりして提供しています。

つまり、**出来立ての価値にこだわっている**のです。それだけに愛情を持って商品づくりを行っています。

モスの商品に惚れた人が、そのコンセプトを理解し、マニュアルにもとづいて心を込めて作り、そして笑顔を添えて提供する。これが「使命」です。その提供の場を、モスはＦＶＣ（フランチャイズ・ボランタリー・チェーン）方式で実現しています。

「ＦＶＣ」は、タテの関係のフランチャイズ契約を基本にして、ヨコの関係のボランタリーチェーンの良さも生かし、本部からの直接的指導に加え、加盟店会（共栄会）による任意の品質向上運動や人材教育を積極的に後押ししています。本部との有益な情報交換の場でもあります。ボランタリーチェーンの良さを生かすことで、自由裁量が増し、お客様のお役に立つ行為を最大化することに努力し、その成功例を共有しています。加盟店同士の自浄作用も働き、いい意味での競争にもなっています。

なお、自由裁量といっても、勝手に商品をメニュー化するなどはできない約束ですが、積極的な提案は可能で、地域エリアの提案によって商品化されることも実際にあります。

加盟店オーナーのリクルートには、創業以来かなり力を入れています。

モスの理念に心から共鳴できた方しか加盟できません。品質・ブランドの価値を守るためです。経営に対する価値観、商品に対しての共感、人の大切さなど、何度も面談を重ね、確かめ合い、この方なら品質・ブランド価値をきちん守れると、目に叶った方だけに加盟を許可しています。

一方で、フランチャイズ契約には沢山のデメリットもあります。

それをオープンにお話しし、十分な理解を求めています。また、既存の加盟店オーナーを訪問し、直接オーナーからつぶさにお聞きするようお勧めしています。

出店数を目標に掲げ、その達成が目的になっているチェーンも中にはありますが、モスはあくまでお客様の信頼を得るために、商品やサービスの安定的品質の維持を目標としています。そのことが心から理解できる方に、リアル店舗の営業をＦＶＣとしてお願いしています。

加盟店として選ばれた方が、お客様と直に接し、商品のこだわりや開発物語をお伝えし、最高品質の商品を楽しんでいただく、これがモスのマイチャネルです。

厳しくチャネルを限定（クローズド）しているからこそ、価値を正しく伝えることができます。それが「競争に強いブランド」を創り上げています。

■ダイレクトコミュニケーションによる人材教育

どういうチャネルで商品を提供するかは、経営者の判断です。その経営者の経営哲学が判断基準になります。

前述したように、モスはフランチャイズシステムの良さとボランタリーチェーンシステムの良さを取り入れ、独自のＦＶＣとして展開しています。加盟店会の「共栄会」活動も盛んに行われています。

また全国を8エリア20支部に分け、それぞれ地域特性に合った活発な活動をしています。それぞれのエリアでは、オーナー会、店長会、社員会、パートアルバイトの会などが盛んに開催されています。そこは教育の場でもあります。

チェーン本部のトップも参加し、戦略・戦術を直接語り掛けています。

そのダイレクトコミュニケーションは、創業時から高密度で行われ、創業者自らが全国を回り、加盟店の皆さんに熱く語っていました。

内容は創業の理念、お店の使命、マーケティングなど、多岐にわたっており、「本気」度が伝わるもので、創業者の熱きメッセージに涙するスタッフも多くいました。

創業者は必ずそのエリアに宿泊し、夜遅くまで加盟店の皆さんと膝詰めで語り合います。モスの理念が加盟店の皆さんの心に刻まれ、プライドが宿ります。それによってモチベーションがどんどん高まっていきます。

会議の前後には近くのお店に必ず寄り、そこで商品やメンテンスのチェックを行うとともに、接客指導まできめ細やかにされていました。

特に商品へのこだわりは並々ならぬものがあり、仕込みの仕方、製造のコツに至るまで伝道師としての役割を果たされていました。

当時、ＳＶだった私も、側でその内容に耳を傾けていました。そこはＳＶへの指導の場でもありました。

■創業者の遺志を継いで

１９９７（平成９）年5月、創業者は60歳の若さで亡くなりました。

突然の事ゆえ、創業者亡きあと、しばしの混乱がありました。

残された「弟子たち」はまだまだ力不足であり、現会長の櫻田厚さん（当時取締役、創業者の甥）が持ち前のコミュニケーション能力とリーダーシップによって、見事引き継がれました。

私も微力ながら、末席でそれを支えてきました。

現会長は、今でもモスの語り部として、ダイレクトコミュニケーションを継承しています。

創業者の遺志を汲み、「理念」を語り、「マーケティング戦略・戦術」を解説し、そして現場へのきめ細やかな指導を施しています。

まさに文字通り全国を飛び回って、自ら語り掛けています。その「本気」度は、現場の皆さんにしっかり伝わっています。

第8章

それでも折れそうな時のための「心のサプリ」

❖1 「笑《しょう》エネ」のすすめ

笑顔は、それだけで周りを明るく楽しくするものすごいエネルギーを持っています。

まさに「笑エネ」です。

「省エネ」は、エネルギーをセーブすることで価値を生みますが、「笑エネ」はエネルギーを放出することで価値を生みます。

このエネルギーは、誰もが生まれた時から生きる「術《すべ》」として、両親から授かっています。

その証拠に、生まれて間もない赤ちゃんが、大人がダジャレを言って笑わせているわけでもないのに、可愛い小さい声を上げながら、両手をバタバタさせて笑ってくれます。

その笑顔を見て、大人が目尻を下げ、また笑顔になります。

これはすごいことだと思います。

■スタッフの笑顔が消えたお店が多い

「笑顔」は長い人生を生き抜くうえで大切なもので、人類創造主が人間に与えてくれた、素晴らしい「生き方ソフト」です。

ところが、大人になるに従い、その笑顔が自然なものでなくなるのはどうしてでしょう。

せっかく両親が授けてくれた「笑顔力」が、徐々に枯れていくのはどうしてでしょう。

今では、何かきっかけがないと笑わなくなってはいないでしょうか。

笑いを求めてはいるが、自ら発信者となって笑顔を振りまくことが少なくなってはいないでしょうか。

両親は、人間関係がスムーズにいき、そして周りを明るくするようにと願って、「笑顔」というすごい力を備えさせてくれています。

それを積極的に使わないのは親不孝ともいえます。

外食のお店でも次のような姿をよく見かけます。

スタッフ同士がカウンターの中で私語を交わす時や、お店に親しい友人が訪ねて来てカウンター越しに会話を交わす時は、とっても素敵な笑顔が見られるのに、いざ、お客様がレジ前にお立ちになった時、笑顔が消えてしまう人がいます。

あんな屈託のない素晴らしい笑顔だったのが、厳しい表情に変わるのはなぜでしょう。

お客様には笑顔を見せてはいけない、そう自主ルールでも設けているのでしょうか。

接客に警戒心など不要です。

お客様を笑顔いっぱい、温かく迎えてあげる時、その空間が幸福感であふれます。それほど笑顔にはエネルギーがあります。

笑顔が出ていないスタッフがいるのに、一言も声をかけないマネージャーをたまに見かけます。指導しないということは、それで良いと認めているようなものです。実にもったいないと思います。

おそらく採用面接では、「笑顔」が大きなポイントを占めていたはずです。マネージャーは、その人の笑顔が素敵だからこそ採用したはずです。

ところが、その素敵さがお店の価値として生きていないケースがままあります。

前章で、現在の競争は「魅力づくり、お役立ち」競争の時代だとお話ししました。
そして、「ブランド」は人の心から染み出るもの、そうお伝えもしました。
魅力は人が醸し出すのもの。人柄価値ともいえます。
「笑顔」こそが、その最たる「価値」になるのです。

■マネージャーはお店の「笑顔の見本」

外食業は、「人を幸せにする」仕事であり、お客様に「明日の活力」を提供する場です。マネージャーは、その「使命」をしっかり心に刻み、一人ひとりの素晴らしい財産である「笑顔」を最大限引き出すことに努力して欲しいものです。

そして、マネージャーこそが、お店の「笑顔の見本」であるべきです。
見本はお店の基準を示すもの。マネージャーは自店の「笑顔基準」を身をもって示していきましょう。そのマネージャーの笑顔もまた、お店全体に大きなエネルギーを与えます。

かなり昔のことになりますが、ある外国人の方からこんな言葉を教わりました。

「You made my day. Thank you very much!」

（あなたのお陰で私の一日は最高のものになった。本当にありがとう）

例えば、あるお客様が、朝、お店に来て、おいしいコーヒーとサンドイッチを食べ、さらにスタッフの素晴らしい「笑顔」に迎えられ、短い時間ながらも気持ち良く過ごしたとしましょう。

そのお客様が、一日の仕事を終えて帰る時に、

「今日はとても気持ち良く仕事できたなー。成果も上々だった。どうしてだろう？　あっ、今朝あのお店で素敵な笑顔に出会ったからだ。『行ってらっしゃいませ！　今日も頑張ってください！』と、元気よく見送ってくれたからだ。ありがたいなー」

「You made my day！」

そう言っていただけることが、私たちにとっての最高の喜びです。そのための「笑エネ」なのです。

マネージャーは、その「エネルギー」をスタッフから最大限引き出してあげましょう。

自ら「満面の笑顔」を率先することによって、自然と周りも引き出されていきます。

まずは、マネージャーが「笑顔」を枯らさないことが大切です。

「私の最大の良さは『笑顔』です」

そう言い切れるマネージャーは、誰が見ても素敵です！

❖2 情報を浴び、自分カテゴリーに置き換える

■アメリカ視察旅行での赤面体験

創業者からアメリカ（ロス）外食視察に誘われたのは、私が30歳を過ぎて営業の課長職だった頃でしょうか。ほかにも数人いたように記憶しています。現会長の櫻田厚さんもご一緒でした。

ロサンゼルス国際空港に到着後、すぐに迎えの車に乗り込み、市内の有名な外食店（ファスト

フード、コーヒーショップなど）やショッピングモールなどを見て回りました。

当時、アメリカの外食は日本の20～30年先を走っているといわれ、日本の新興外食業は、自分たちの近未来の姿を想い、アメリカの目の前で起こっているさまざまな競争とその手立てを見て歩くのが学びの場でした。

夕方、ダウンタウンにある有名Bホテルにチェックインして、18時にロビーのカウンター前に集合し、ディナーを食べに行くことに。

ロサンゼルスは初めてではありませんでしたが、当時は、海外渡航の機会がさほど多くない時代で、私は感激のあまり浮かれていました。

夕食も日本では味わえないメニューに出会えるのを楽しみにしていました。

ロビーに降りていくと、創業者が先に待ち受けていました。

「田村さん、あなたの部屋のカーテンの色や絨毯の色はどんな感じでしたか？」

いきなりそう質問してきました。

「う～ん…、カーテンは薄いブルーだったような気がします。絨毯は、う～ん…、ふかふかしてましたが、色は濃いブルーだったような…」

目に映っていたし、自分の足で踏んでいたはずなのに、しっかり思い出せません。

創業者はすかさず、

「私の部屋のカーテンは、触ってみると肌触りがよく、ほどほどの厚みがあって赤と緑がきれいにクロスされた、落ち着きのあるタートルチェックでした」

「絨毯はね、2センチくらいの柔らかい毛立ちがあって、靴のままでも音を吸収してくれる。濃い紫。でも上品な紫だったよ」

「将来都内の一等地にお店を出せるようになった時、こんなカーテンや絨毯を使えたらいいなーと考えていました」

詳細なところまでスラスラと説明します。

私は赤面するしかありませんでした。そうか、今回のアメリカ視察はそういうことか。

モノの見方・感じ方、その実地研修の場であったことを遅ればせながら理解しました。はしゃいでいた自分がとても恥ずかしかったのを覚えています。

■創業者が教えてくれたこと

お客様に喜んでいただける店づくりがわれわれの使命です。

絶えずとどまることなく勉強する必要があります。それが途絶えた時、企業の衰退が始まります。

自分が会社にとって重要な人物と思うならば、周りから沢山の情報を積極的に浴びて、その中から自分の仕事に役立てるエキスを見出さなければなりません。

常に頭の中の引き出しをいっぱいにする意識が必要です。

引き出しを常にいっぱいにしてこそ、仕事の応用編に生かされます。行動量の多い人、好奇心の強い人、そしていつも考えている人には敵いません。

若い私や現会長に、創業者がそのことを自ら「ＯＪＴ」してくれたのです。

会社の将来（永続性）をすでに視野に入れ、モノの見方や感じ方、そして大切なオーナーシップを教えていたのです。

リーダー（マネージャー職）は部下に対し、自分のできる範囲で情報を浴びる機会を与えること、あるいは有益な情報を運んであげることです。

その情報をいかに自分の仕事のカテゴリーに置き換えて考えてもらうか。その感性を養ってもらうことがまさに教育であり、リーダーとしての一つの大きな役割であります。

❖3　運が悪いと思ったら人の嫌がることをやってみる

■雲水さんの修行

これは、かなり昔に浜松市の奥深い場所にある山寺に詣でた時、そこのご住職さんから教わった話です。

全国からお坊さんを目指す「雲水《うんすい》」、いわゆるインターン生が修行に来ます。

修行の一つに、雪隠《せっちん》（トイレ）掃除があります。

雲水さんは、毎晩お堂の板の間に寝ます。毎日二人一組になって、早朝3時とか4時に、寝ている皆に気づかれないようにそーっと起きて雪隠に行き、汲み取りの仕事をします。

まだ水洗式になっていない時代。日中に多くの参拝者が利用するため、欠かさず汲み取りをしないといっぱいになってしまいます。

汲み取った糞尿を専用の桶に入れ、二人で担いで、山里にある溜池まで捨てに行くのだそうです。まだ暗い下り坂は見通しが悪く、ときにはつまずいて転び、中身を被ることもあったそうで、苦難の修行です。

しかしそのお陰で、お寺の雪隠はいつも溜まることなく、綺麗に保たれており、参拝者はストレスなく利用できるのです。

人の見ていないところで「徳」を積む、そしてそれを決してひけらかすこともなく、むしろ善行として喜ぶ、これを「陰徳」という、との説法でした。

■「陰徳」のススメ

翻って、われわれ外食業にも「陰徳」タイムがたくさんあります。

お掃除はもちろん、衛生管理、営業前の入念な仕込みなど、営業中にはお客様にはまったく見えませんが、どれも手抜きできない大事な仕事です。

ここがキチンとできているからこそ、お客様は安心して店内で商品を召し上がり、快適な空間で時間を過ごすことができるのです。

お客様の喜ぶ顔が見たい！

そのやりがいを心に宿してこそ、この「陰徳」業務を自分の喜びとすることができ、「良いお店」と評価されるようになるのです

同じような話ですが、つい最近、かつてサッカー日本代表のコーチを務めていた方（現在は大学教授）のお話をお聴きする機会がありました。

日本代表に選ばれるほどの選手は、「オン・ザ・ピッチ」での技術もさることながら、「オフ・ザ・ピッチ」の姿勢が素晴らしい。むしろ「オフ・ザ・ピッチ」が重要であると。

サッカーが上手なだけでは代表に選ばれない。チームのために自分はどうあるべきか、その態

度がとても大事であると。

一流の選手は、率先してロッカールームの清掃を行い、練習終了後は最後までグラウンドの入念な清掃をするそうです。

チームプレイを求められるスポーツの世界では、チームのために自分は何ができるのか、常にその意識が求められます。

地味な仕事を率先して実践することで、皆が最高のパフォーマンスを発揮できるように、いつも「一人は皆のために」の意識で「オフ・ザ・ピッチ」をないがしろにしないようです。

さらに、皆とコミュニケーションをよく取り、とても聴き上手とのことです。

そして何より、「挨拶励行・時間厳守・常に笑顔」を心がけているのだと。

ゴールを上げることにのみ気持ちを向かわせるのではなく、一般的に面倒臭いと思われることにこそ価値を見出し、そのために自然と体が動き、皆をサポートする。この強い意識こそが選手そのものを強くしています。

そこから育まれた逆境への強さ、そして失敗を恐れないチャレンジ精神を持った人こそが、一流の選手として大舞台で活躍する人になります。

この「オフ・ザ・ピッチ」のお話は、まさに「陰徳」の教えと重なります。

仕事でもなんでも、行き詰まった時は、普段やらないこと、例えば、トイレ掃除や草取りなど、むしろ他の人にとって役に立つ行動を起こし、善行をして気持ちを切り替えることが現状の打破につながると思います。

2019(令和元)年11月、WBSS(ワールド・ボクシング・スーパーシリーズ)のバンタム級決勝で見事世界の頂点に立った井上尚弥選手。彼の普段の生活の様子がテレビで紹介されていました。

100%、ボクシングのことのみに時間を割いているのかと思いきや、ゴミ捨て、家の掃除、洗濯、お風呂掃除など積極的にされているそうです。

まさに「オフ・ザ・リング」をしっかりやっているのです。

一流選手は、普段「本業外」でのお役立ちをしっかり勤めています。井上選手の場合は、家族をサポートすることを通して心の鍛錬をしているようです。

井上選手が小さい頃からよく利用されている近所の飲食店のご主人は、こうおっしゃいます。

「井上選手は小さい頃から感心するくらい、礼儀正しく、きちんと挨拶する子でしたよ」

すでに幼い頃から、ご両親によって「心の鍛錬」が積まれていたようです。

その鍛錬が現れたシーンがありました。

この試合に勝った直後、井上選手は真っ先に相手のノニト・ドネア選手（５階級制覇のＷＢＡスーパー王者）のところに行き、椅子に腰かけているドネア選手の前で膝をつき、目線を同じにしながら、共に健闘を称え、頭を下げて感謝していました。

なかなかできることではありません。私はこのシーンに大変感動しました。

単に技術が優れていればいいというものではありません。

何かすごいことを為し得る人間は、瞬間的に相手の気持ちになれる感性を持っています。

一流の人間は気配りも一流。

そういう人にこそ、神様は微笑み、幸運をもたらせてくれるようです。

❖4　運の良い人と付き合おう

■運気の強い人のところに人は集まる

皆さんは普段どのような方とお付き合いされているでしょうか。

私は、次のような方とは積極的なお付き合いをしないようにしています。

それは、目線が高くて、初対面でも偉そうな言葉遣いをして、相手を年下や部下扱いをする人です。たとえそれなりの「立場」のある方だとしてもです。

私は、「謙虚」で「礼節」のある方と深くお付き合いするよう心がけています。

そのような人は「運気」が強く、しかも「分福の心」が備わっています。自然と人が集まってきます。まさに「人徳」のなせる技です。

その中のお一人（私より早く現役を退いた異業種の元社長）は、こんなことをおっしゃっていました。

「名刺はたまたま会社から預かっていたもの。単なる社内の役割を表しているだけで、偉さでも何でもない」

「名刺を返してしまえばただの人。どうぞ仲良くしてください」

なんと「謙虚」な姿勢なのでしょう。

異なるご意見もあるかも知れませんが、私はこの言葉に尊敬の念を抱くとともに、常にその姿勢を見習っています。

こういう方との交流は、何をするにも「呼吸感」が良いのです。ストレスもありません。

お互いに「美点凝視」の姿勢を持ち、認め合えるからです。

もし機会があって、この方と何かのプロジェクトを推進することがあったら、生み出す成果がまったく違ったことだろうと思います。

１＋１＝２でなく、想定を超える成果が導き出されていたことでしょう。

「呼吸感」、それは言い換えれば「価値観」かも知れません。

良いチームや会社は同じ「価値観」で結びついています。ベクトルが一つになっています。それによって、「らしさ」が共通感覚の言語として交わされます。

こういうチームや組織は、一人ひとりが、自分が自分がという姿勢ではなく、どうすればこのチームのお役に立てるのかを考えて行動しています。

仲間一人ひとりの「良さ」を心から認め、自身の強み・弱みと比べながら自分にできることは何かをしっかり描き、いつも高い「貢献意識」を持っています。

そういう方は、決して、自分の強さと相手の弱さを比べて揶揄したり上位意識を光らせたりなどしません。

むしろ自分の持っていないものを称えます。

■愛されマネージャーが持っている3つの資質

「謙虚」「素直」「向上心」はマネージャー職に欠かせない3つの資質です。

これを備えたマネージャーは、多くの人に可愛がってもらえ、周りが有益な情報や知恵を与えてくれるようです。

また、「謙虚」「素直」「向上心」は、運を惹きつける魔法の力になります。

この３つの姿勢でマネージャー職を担ってきた方は、さらに上の立場になっても常に「本質」を見つめ、人の「心の琴線」に触れる、人中心のマネジメントを心がけるようです。まるで心理学者のように。そして、スタッフの心をひとつにまとめ、**「チームで成果を上げる」**ことに力を入れています。

きっとこういう「気遣いの達人」のマネージャーのもとには、多くの人が集まってくることでしょう。そこで奢らず、まず口に出るのは「お陰様です！」という言葉。なんと素敵なことでしょう。

「運気」はこういう愛されマネージャーにこそ蓄積されていくのだと思います。

❖5 「帆船と蒸気船」の教え
～モスライスバーガー開発秘話～

■モスの経営哲学

1986（昭和61）年夏。世はデフレ社会、外食業界は熾烈な価格競争の嵐の中にありました。油断すると一気にその価格競争の波に飲まれかねない情勢でした。

モスは価格競争からは一線を画し、常に独自のマーケットで商いをしていました。まさにブルーオーシャン〝風〟です。

「バリューフォープライス」か「バリューフォークオリティ」か、この頃から多くの小売業、外食業は、戦略の決断を迫られていました。

モスは（低）価格政策を採るほどの体力はまだありません。そしてひとたび価格政策を選択すると、次もまた価格政策を採らざるを得ません。そうなると、自分で自分の首を絞める結果になります。それは絶対避けなければなりません。

最初に発売された
つくねライスバーガー

モス創業者は、おのずと「クオリティ」を貫いていきました。

「ウチは経営哲学が違う。質が高くて、美味しくて、健康的で、安全で、そして雰囲気の良いお店を作ることだ」

そして、モスが確固たるブランドであるためには、得意分野であるユニークな商品（絶品）を開発し、提案し続けていくことでした。

■ハンバーガーの既成概念を覆す新商品開発

そんな最中、創業者が当時商品開発部長だった私に突然切り出しました。

「米を使ったハンバーガーを作ってみてくれないか。その研究をして欲しい」

そしてこう付け加えました。

「今、米余り現象になっている。最近の若者の米離れが進んでいる。一方、ハンバーガーは若者に人気だ。米をハンバーガーのように手軽なもの（フィンガーフード）にしたら、食べてもらえるのじゃないか？」

ハンバーガーは、パンと肉とソースと野菜の組み合わせとばかり考えていた私には、驚き以外の何ものでもありませんでした。まさにハンバーガーの既成概念を覆すものでした（内実は、農政問題に意識の高い、ある代議士から米余りの相談を受けていたようで、その協力を要請されていました。創業者も乗り気でした）。

私は、今までに経験のない難しいテーマであるだけに、まずは楽しくやろう！　ということで、「コメット大作戦」（コメとの出会いを大事にしよう）と名づけ、プロジェクトチームを立ち上げました。

メンバーには商品開発はもちろん、流通、販促、システム、そして創業期から信頼関係にあるお取引先様など、さまざまな分野から加わっていただきました。

最も苦労したのが、パンの代わりを果たす「ライスプレート」です。

崩れないように仕上げる研究は困難を極めました。

試作品も数えきれません。お米の夢を見るほどでした。

ライスプレートの仕様とともに、それに挟む具材など、頭を痛めながらも、何とか試作の段階では形になっていきました。

創業者の熱心なアドバイスもその後押しになりました。

「初代モスライスバーガー」は、つくねのパティにインゲンと玉ねぎのソテーを挟み、テリヤキ風味にしました。まさに和風ブランドの強みを生かしてのデビューでした。

■製造ラインの故障で発売初日から欠品続出

同様に、その当時すでに７００店を超える店舗数になっていたので、全国各店に「ライスプレート」を安定的に供給するための製造ラインを新たに作る必要がありました。

既存の食品メーカーのどこにも、それを生産可能にする設備はありません。世の中に現存しない新たな生産ラインの創造は、困難を極めました。

それでも名古屋のある食品メーカーにラインを引くだけのスペースがあることがわかり、そこをお借りすることになりました。お米を浸漬して、炊いて、成形して、味付けして、焼いて、冷やして、パックして、冷凍する。

温度が目まぐるしく変化する難しいラインでした。

食品機械メーカーをはじめいろいろな専門分野の知恵もお借りし、何とか完成を見たのは、発売予定日（１９８７年12月）の約２か月前でした。当初予定よりも２か月遅れました。

その結果、製造テストに時間を掛けられず、本番までに一定の在庫を確保することに大きな支障がでました。

製造を開始した時点から製造ラインが故障の連続でした。スムーズに在庫が溜まっていきません。時間との闘いもあり、大いに苦しみました。

一方、モスは従前から「おいしい商品」づくりにはお金を使うものの、販促や宣伝にはあまり積極的ではありませんでした。

ところがこの「モスライスバーガー」は、画期的な商品であり、モスの将来を担うだけの価値ある商品ということで、短期間でお客様に認知いただこうとの目論見で、大々的な販促・宣伝プランが組まれました。

もう後に引けません。

一店一日当たり１５０個以上という、かつてない販売目標が設定され、発売日までにそれに見合う在庫量を製造しておく必要がありました。

ところが製造ラインは相変わらず故障の連続。テスト時間の不足がそこで仇となって現れました。

発売を開始してからも製造ラインの故障は収まりません。どんなに頑張っても、一店50個の供給が精一杯の状況です。

最終的に安定供給の体制が整うまで３か月を要しました。

当然その間、ＦＣ加盟店様、お客様からクレームの嵐でした。

一部のマスコミは「欠品するほどに人気」と書いてくれましたが、内心、穏やかではありません。

プロジェクトリーダーである私は、ひしひしと責任を感じていました。

関係する皆様にすっかりご迷惑をかけた。

供給が安定するまでは頑張ろう。

その後、しかるべき責任を取ろう。

そう決心して、がむしゃらに増産に取り組みました。

■「この商品は将来モスの大きな柱になる」の言葉に救われた

供給体制がやや落ち着いてきたある日、創業者から呼び出しがありました。工場に入りっぱなしのやつれた私を見て、「ねー田村さん」と切り出したあとこう続けられました。

「産業革命前は、船は帆船が主流だった」

「18～19世紀にかけて蒸気機関が開発され、それを船のエンジンとして載せてみようという少数の革新派が現れたんだ。しかし、故障の連続だったようだ。それを見て、帆船を擁護する保守的な人たちは、『やっぱり船は帆船がいい！ 蒸気機関などにすべきではない！』と主張したそうだ」

「でも、蒸気機関を推進する少数派は諦めなかったんだよ。あの時、大勢の世論に負けて諦めていたら、蒸気機関もディーゼルも生まれてこなかったかも知れない」

「確かに世間にはご迷惑をお掛けした。それはあなた一人の責任ではない。私も皆さんにお詫びをする。でも、かといってここでライスバーガーを諦めるのとは別問題です」

「この商品は将来モスの大きな柱になる。絶対に諦めるな！」

涙がボロボロこぼれ落ちました。

この失敗は、私に大きな「財産」（学び）を与えてくれました。

・どんな素晴らしいアイデアがあっても、それを成し遂げる人によって成否が決まる。組織に粘り強くやり抜く人材がどれくらいいるかによる。
・出来ない理由を流暢に言い訳する「事情通」人間は、組織には要らない。必要なのは、自ら逃げずに課題解決に取り組む「自浄通」人間である。
・リーダーは常に、自分が指示したことの進捗に着目する。それに取り組む人の顔色、態度、発言を注意深く観察して、適切なアドバイスができるように常に準備しておくこと。

今でも「モスライスバーガー」は、日本はもとより海外でも大人気です。

苦労が報われて本当に嬉しく思っています。
後輩たちが、さらにおいしい「モスライスバーガー」の開発に取り組んでくれています。心から応援したいと思います。

エピローグ

～外食業には挑戦と成長の機会があふれている～

本書を最後までお読みいただきありがとうございました。

モス創業者・櫻田慧との運命的な出会いから60歳でお亡くなりになるまでの25年間、人生や仕事について語り尽せぬほどの教えをいただきました。

その教えは、モスの仕事に限った考え方や方法論ではなく、多くの人にとって広く人生や仕事に役立てることができるものです。

私は困難に出会う度に、その教えにより何度も救われました。お陰様で、大いなる学びとともに、心の鍛錬やスキル磨きをさせていただきました。

この教えは、私のマネージャー時代同様、今、外食業で働く悩めるマネージャー職にとって、閉塞感を打破するヒントになるのではないか、そして、それを独り占めするのはもったいないと考えるに至り、今回執筆を決めました。

本を著すなど得意なことでも無く、もちろん経験もありません。文章を書く技法も学んだこともありません。まさにド素人の執筆です。

でも、「お役に立ちたい！」その強い思いが、重い腰を上げさせてくれました。「私流」に思ったままを自由に書いてみました。

お読みいただき、何かひとつでも心に宿り、明日からの行動に気持ち良くつながることがあれば、執筆者としてこの上ない喜びです。


モス在籍中（特に現役終盤）に、創業者の教えを土台にしつつ、自らの経験も織り込んで、現場で働く店長（マネージャー）やスタッフ職に向けて、数多くの講演もさせていただきました。

その前後にはお店に足を運び、店長やスタッフの皆さんと直に話し合う機会も積極的に設けました。

マニュアルにはない素敵な気配りでお客様に感動を与えているお店のエピソードに出会ったり、より良い職場環境やチームワークづくりを目指して創意工夫をしているお店など、意欲店の努力には頭が下がる思いがしました。そこでも沢山の学びを得ました。

その意欲店をつくっているマネージャーは皆、仕事の意義（理念）をしっかり心に刻み、「お客様の喜ぶ顔が見たいのです！」その為のお役立ちこそが、「自分のいきがいです！」そう目を輝かせて語ってくれます。心ができています。そういうマネージャーには面倒見の良い、尊敬する上司が居ます。

一方で、日々の営業に追われ、一生懸命取り組んでいるものの、「本来の大事なこと」を忘れて「らしさ」が薄れ、マンネリ化しているお店もありました。そういうお店は、店長のモチベーションが低下していました。その時、叱咤激励してくれるはずの上司とのコミュニケーションも明らかに不足していました。

その時、阻害となっている問題、悩みを傾聴しつつも、「お店の使命」についてじっくり話し合いました。意欲店の事例を数多く紹介し、私自身の体験もお話ししました。

頭の口座にある知識（本来頭で分かっていること）を、心の口座へ移行すること（感情が行動に駆り立てる）を試みました。それは、心の口座を満タンにしてあげることによって、気づきを得て、行動の意識が格段に違ってくることを経験から知っていたからです。

店長（マネージャー）のモチベーションが復活し、見事にお店が立ち直ったケースを何度も目にしてきました。私自身も、店長時代、その気づきを経験したひとりでした。

本書では、その場面でお話したエピソード事例もいくつか紹介させていただきました。

こうして、モス創業者から学んだこと、そしてマネージャー（店長・SV）時代の私の苦い経験、また一生活者としての体験もざっくばらんにお伝えすることで、外食業は実はこんなにもロマンに満ちた、そして人と人を繋ぎ、ＨＡＰＰＹにさせる意義ある仕事だったのかと気づいていただけたら幸いです。

そして、お店は地域のオアシスとして、お客様に幸せな空間を提供し、スタッフの皆さんには、日本一の職場で働いていただいている誇りを感じていただくこと。

そのような「ぶれないプライド」があるお店には、世間から称賛される「ブランド」が実ります。世間からの称賛は、さらなる「プライド」を与えてくれます。

それを創る、軸ブレのないマネージャーこそが、会社にとって無くてはならない重要人物です。

さらに、外食業は考え方ひとつで、成長へのチャンスと挑戦の機会にあふれているところ。この認識を新たにしていただけたら執筆者としてこの上ない喜びです。

そして、外食業を自分の「天職」と心に決め、この仕事に「喜び」と「プライド」を持って生き生きと働くマネージャーの姿に憧れ、外食業を自己実現の場としたいと思う、成長意欲の高い若人がどんどん外食業界に入ってくることを願ってやみません。

本書には、マーケティングに関する事項が度々登場します。

私がマーケティングを正式に学んだのは今から35年以上前のこと。１９８４（昭和59年）年に故水口健次先生、鳥居直隆先生、故大歳良充先生、三浦功先生の４人で創設された、「日本マーケティング塾」でした。２期生として入塾しました。

そこではマーケティング理論にとどまらず、「人間学」、すなわちマーケティングを支えるマインドを学ばせていただきました。その学びがモスの実践の場でも大いに役立ち、そして本書のエキスにもなっています。

この度、日頃お世話になっている、神谷印刷株式会社の杉山一穂様よりご縁を繋いでいただき、株式会社同友館の佐藤文彦次長様にお会いできました。出版のプロです。多くのアドバイスとともに書く勇気を与えていただきました。本当に「お陰様」でした。

この本の発刊にあたり、人生の「師」である、モスバーガー創業者故櫻田慧様に心から御礼申し上げます。

そして、執筆にあたり、多大なお力添えをいただいた株式会社モスフードサービス櫻田厚会長をはじめ、会長・社長室の皆様に心から感謝申し上げます。

最後に、妻良江に感謝の言葉を贈ります。いつもそばで、私を励ましてくれました。

本当にありがとう。

2020年（令和2年）4月　　田村　茂

【著者紹介】

田村《たむら》　茂《しげる》

元株式会社モスフードサービス 専務取締役　office igatta代表
1952年、岩手県大船渡市生まれ。日本大学経済学部在学中、モスバーガー創業者・櫻田慧と知り合い、モスバーガー１号店でアルバイトを始める。大学卒業後、大手銀行に入行するが、10ヵ月後に（株）モスフードサービスに転職。店長、SV、営業部長等を歴任。1987年には商品開発部長としてモスライスバーガーを開発。取締役商品本部長、取締役専務執行役員COOを経て、2011年に専務取締役に就任。専務退任後は特別顧問を務める。2017年にモスフードサービスを退社。

現在は、office igattaの代表として、また（一社）流通問題研究協会特別研究員兼北海道地域フード塾講師や（株）日本マーケティング塾取締役兼特別講師として、外食産業を含めた小売り・サービス業などのマーケティングやチェーンビジネス、サービスマインドの研修や講演を行っている。

2020年 4 月20日　初版第 1 刷発行
2020年 6 月30日　初版第 2 刷発行

外食マネージャーのための
ぶれないプライドの創り方

著　者　田村　茂
発行者　脇坂康弘

発行所　株式会社 同友館
〒113-0033 東京都文京区本郷 3-38-1
TEL.03 (3813) 3966
FAX.03 (3818) 2774
https://www.doyukan.co.jp/

落丁・乱丁本はお取り替えいたします。
ISBN 978-4-469-05479-2
神谷印刷／松村製本所
Printed in Japan